Felicitas Hoppe nimmt sich fünf historische Figuren vor –
fünf Fälle von seltener Hoffnungslosigkeit. Sie folgt den
krummen Lebenslinien von Gaunern, Aufschneidern,
Maulhelden und Pechvögeln, die eines vereint: Um sich
möglichst weit vom Ort des eigenen Versagens zu entfer-
nen, treibt es sie hinaus aufs Meer und in die Welt.

Felicitas Hoppe, geboren 1960 in Hameln, lebt als freie
Schriftstellerin in Berlin. 1996 erschien ihr Debüt ›Picknick
der Friseure‹, 1999, nach einer Weltreise auf einem Fracht-
schiff, folgte der Roman ›Pigafetta‹, 2003 ›Paradiese, Übersee‹ und 2004 ›Verbrecher und Versager‹. Für ihr Werk
wurde Felicitas Hoppe mit zahlreichen Preisen ausgezeich-
net, u. a. mit dem Aspekte-Literaturpreis (1996), dem
Ernst-Willner-Preis im Bachmann-Literaturwettbewerb
(1996), dem Rauriser Literaturpreis (1997), zuletzt dem
Brüder Grimm-Preis (2005).

Unsere Adresse im Internet: www.fischerverlage.de

Felicitas Hoppe

Verbrecher und Versager

FÜNF PORTRÄTS

Fischer Taschenbuch Verlag

Für Paul

Veröffentlicht im Fischer Taschenbuch Verlag,
einem Unternehmen der S. Fischer Verlag GmbH,
Frankfurt am Main, Juli 2006

Lizenzausgabe mit freundlicher Genehmigung
des **mare**buchverlag, Hamburg
© 2004 by **mare**buchverlag, Hamburg
Druck und Bindung: Clausen & Bosse, Leck
Printed in Germany
ISBN-13: 978-3-596-16709-8
ISBN-10: 3-596-16709-4

* Er sitzt im Licht. (S. 43)

GEORG EBERHARD RUMPF GEB: 1627 GEST: 1702

Hier siehstü einen Mann den Indien geliebet,
Und in Botanicis vor andern sich geübet,
Doch hielt Er Saehsen werth als Meister seiner Kunst
Wor durch Er sich erwarb deß Heren Grosse Gunst.

Marathon

GEORG MEISTER

(1653–1713)

Und das hier ist übrigens Georg Meister, Schiffsgärtner Gottes aus Sonderhausen!

Kaum zieht der Schaffner das Bild aus der Tasche, wird es plötzlich still im Abteil, als hielte er einen Steckbrief hoch. Mein Blick bleibt an der Perücke hängen, nie gesehen, sagen die Männer. Wir sind alle nur wenig herumgekommen und denken uns Gärtner nicht unter Perücken, schon gar nicht auf Schiffen. Wir denken an Schürzen und leichte Hüte, an Heckenscheren und Rasenspachtel, an Sichel und Hippe. Alles in allem gebückte Arbeit, wobei die Perücke verrutschen würde. Wir denken an Friedhofsgärtner mit Frauen, die Kränze flechten und Kinder haben, die sie in Vorgartenerde nach Würmern graben lassen, damit sie nicht plötzlich aufstehen und einfach so auf den Meeren verschwinden, wo man sie später zu Schiffsgärtnern macht.

Draußen die thüringische Landschaft, neben mir sportlich atmende Männer unterwegs zum welttiefsten Marathon, in die leeren Gruben von Sonderhausen, wo Georg Meister geboren ist. Ein stillgelegter Kalischacht, siebenhundert Meter unter der Erde, Gefälle bis an die zwölf, Steigungen bis zu fünfzehn Prozent, beim Laufen immer ein Helm auf dem Kopf. Hitze und höchste Luftfeuchtigkeit. Ob ich weiß, wie viel man trinken muss, um dort unten wirklich das Rennen zu machen? Aber ich höre nicht hin, ich trage keinen Helm in der Tasche, die Marathonhelden sind mir egal. Vermutlich kommen sie selten an Frischluft, eine Seereise würde nicht schaden. Stattdessen starren sie aus dem Fenster, wo die Zeit vorbeiläuft, die wir gemeinsam totschlagen müssen, zwischen Mansfeld und Sonderhausen.

Aber ich verkaufe meine Zeit nicht für dumm. Die Erschaffung der Welt ist noch nicht lange her, damals, als Gott noch Perücken trug und noch einen eigenen Garten hatte, in dem er ein fröhlicher Aufseher war und Georg Meister sein fröhlicher Gärtner, der versuchte, die Erde instand zu setzen nach dem letzten dreißigjährigen Krieg. Adam und Eva in einer Person, alles in allem gebückte Arbeit, Sonderhausen ist schnell frisch bepflanzt. Der Rest ist Barock, aufbauschen, beschneiden, wässern und stutzen, Sinnsprüche in die Hecken schneiden. Und hinter der Hecke die Frau, die von jeher auf Feierabende setzt, auf gewonnene Rennen und Schrebergärten. Kein Wunder, dass Meister die Flucht ergreift, damals hielt man die Welt noch für groß, und Gott hatte überall seine Gärten.

Von Sonderhausen bis Querfurt zu Fuß, wo Meister auf einen Rittmeister trifft, der Hund heißt und ihm ein Pferd verspricht, für den Fall, dass Meister sein Handwerk eintauscht. Auf Gärten, ruft Hund, liegt kein Segen, kaum angelegt, kommt schon wieder ein Krieg, dann wird nicht bewässert, nur noch gelöscht. Hund reist in Seelen und sucht Männer, die unter der Erde laufen, bis ihr Atem zu rasseln beginnt.

Meister schlägt aus. Ein Gärtner, der lesen und schreiben

kann, gräbt sich nicht in den erstbesten Boden, der glaubt nicht an das, was in Büchern steht, denn geschrieben steht viel, und vom Hörensagen kennt jeder die Welt, nur mit eigenen Augen hat sie niemand gesehen. In Sonderhausen spricht man über Paris, in Paris von London, und in London über das Neuste aus Amsterdam. Nur spricht man in Amsterdam nicht von Querfurt und hört nur wenig aus Sonderhausen. Dort spricht man noch immer von Hottentotten, wenn man die deutsche Unordnung meint und immer dieselben Fragen stellt, auf die niemand hier eine Antwort weiß: Wie heißt der größte Garten der Welt? Welche Sprache sprechen die Hottentotten? Wie kommt man von Querfurt nach Amsterdam? Wie unterscheidet man Japan von China? Und wer hat die Insel Deshima erfunden?

Damit ist Rittmeister Hund aus dem Spiel. Meister winkt Abschied, reist weiter nach Holland, in welcher Gesellschaft ist nicht bekannt, vermutlich im Schatten von größeren Männern, genau wie die Großen mit Dreck am Stecken, aber der löst sich unterwegs von allein. Angekommen in Amsterdam stellt man sich auf die Mitte des Platzes, bestaunt die Gebäude, richtet den Blick auf die Rathausturmuhr und wartet auf eine Zufallsbekanntschaft. Denn irgendjemand kommt immer vorbei, weshalb es für Gärtner gefährlich ist, auf leeren Plätzen herumzustehen, wo es nichts zu bepflanzen gibt. Denn es gibt sie noch, diese flüchtigen Männer, die in langen Mänteln auf Marktplätzen stehen und mit Vorgartenerde und Träumen handeln, bis der letzte Gärtner sein Handwerk vertauscht. In Meisters Fall ein Leutnant aus Frankfurt, unter dem Mantel den

Klumpfuß, ein Mann, der bekannt dafür ist, dass er Schatten aufkauft, die er später erfolgreich nach Japan verschifft. Nagasaki, Deshima, hier und da eine Zwischenstation.

Aber noch ist keine Rede von Schatten, die Sonne scheint und der Mann tut so, als würde er überhaupt nichts verhandeln. Reisender in Geschenken, der nur gibt und nichts nimmt, ein Glücksbote Gottes. Denn der Leutnant aus Frankfurt erkennt Meister sofort, auch er hat schließlich sein Handwerk gelernt. Täglich spielt er die Vorsehung Gottes, alles in allem gebückte Arbeit, erst lächeln, dann locken, dann eine Verheißung, eine zweite und dritte. Aber Meister will englische Gärten sehen, die Gärten Italiens, die Gärten von Frankreich. Der Leutnant wird etwas ungeduldig und bringt eine neue Geschichte ins Spiel, eine Mischung aus Angebot und aus Angst. Der Mann weiß genau, dass zuhause in der Hecke immer noch eine Frau sitzt und wartet, weil sie glaubt, dass Meister zurückkommen wird.

Diese Geschichte ist immer dieselbe: Ich sehe was, was du nicht siehst, und ich sehe, du bist auf der Flucht, sagt der Leutnant. Aber das bin ich auch, das sind wir ja alle, weshalb mein Rat heute kostenlos ist. Und ich rate dir, morgen ein Schiff zu besteigen, nicht nach England, sondern noch etwas weiter, dorthin, wo dich keiner erreicht und wo dich auch keiner fragen wird, warum du die Sichel im Rucksack versteckst und ob du wirklich ein Gärtner bist oder nicht doch nur ein Totengräber.

Diese Geschichte ist laut und so deutlich, und der Leutnant erzählt sie so oft und so gut, dass Meister sie selber zu glauben beginnt, bis Italien, Frankreich und England verblassen, genau wie die Gruben von Sonderhausen. Die Reise von viertausend deutschen Meilen erscheint auch den Männern im Zug plötzlich kurz, wie ein Tag auf dem Marktplatz in Amsterdam, wo die Turmuhr plötzlich zu schlagen beginnt, so laut, als schlüge dort ein Gewissen. Die Stimme Gottes, ruft der Leutnant und lacht. Jetzt oder nie, wer zögert, verliert! Auf sieben Jahre, dann bist du zurück und wirst auf die englischen Gärten pfeifen. Du wirst ein großer Lustgärtner sein, Gärtner bei Hof unter schweren Perücken!

Meister schlägt ein. Sieben Jahre sind keine Zeit. Zwischen Mansfeld und Sonderhausen läuft hingeschüttet die Landschaft vorbei. Die Männer polieren noch immer die Helme und schließen dabei leise Wetten ab. Wie hoch die Luftfeuchtigkeit diesmal sein wird, wie gut ausgerüstet die Trinkstationen, wie berechenbar der Gegenverkehr, diese Angst vor Stürzen in jeder Kurve. Die Konkurrenz aus dem Ausland ist groß, und der Boden ist immer noch glatt und gefährlich. Ich betrachte ihre Schuhe und Helme, der Schaffner steckt Meisters Bild in die Tasche und fragt sie, ob sie nicht mitkommen möchten, wenn der Gärtner den Reisevertrag unterschreibt.

Und das hier ist übrigens Georg Meister, Schiffsgärtner Gottes aus Sonderhausen, wird am Morgen der Leutnant aus Frankfurt sagen, wobei er elegant seinen Klumpfuß verbirgt, denn hinter Meister stehen noch andere Männer, die wesentlich schlechter schreiben als er und sich noch nicht wirklich entschlossen haben, die Welt mit eigenen Augen zu sehen. Einhundert Männer mindestens, denn der

Leutnant reist nicht gerne allein und hat letzte Nacht ganze Arbeit geleistet. Nicht einen Mann hat er ausgelassen, hat Versprechen verteilt und Schatten geschnitten von hier bis ans andere Ende der Welt. Das macht, die Vertragszeit auf Jahre verrechnet, hundert mal sieben glatt unterm Strich, hundert Hüte für hundert Helme, hundert Gewehre und eine Sichel, die Meister in seinem Rucksack versteckt. Denn ein Gärtner reist niemals ohne Sichel, weil er weiß, dass er sie noch brauchen wird.

Aber Meister wird weder Soldat noch Matrose, auch auf See muss der Gärtner ein Gärtner bleiben, der einzige, der sich auf Pflanzen versteht an Bord eines Schiffes namens *Ternaten*. Nie gehört, doch es geht nicht um Namen, es geht nur um Nahrung. Vier große schwere hölzerne Kästen lässt der Oberschiffszimmermann bauen, zwei nach Steuerbord, zwei nach Backbord, gleich oben auf die Steuermannshütte. Dann schickt er Matrosen mit Säcken an Land, um Erde für die Kästen zu holen. Gartenerde aus Amsterdam, Vorgartenerde aus Sonderhausen, in der das Gemüse besonders gut wächst. Kräuter aus Mansfeld, aus Amsterdam Kohl, Pariser Suppenkraut, Heckenkräuter, und alles, was noch an zuhause erinnert.

Aber was will der Gärtner wirklich auf See, mit vier Kästen gestopft mit Heimaterde? Was will er mit Hippe und Rasenspaten? Will er womöglich die Fische bezwingen, die Stürme eingraben, die Wellen befrieden und, wenn das Wasser ihm feindlich wird, Sinnsprüche in den Ozean schneiden? Will er Salatköpfe über Salzwasser pflanzen, Mastbäume pfropfen und Luftschlösser wässern? Macht sich der Gärtner nicht lächerlich, wenn der Sturm sein blasses Gemüse verhöhnt? Braucht er nicht Boden unter den Füßen, mehr Erde als in vier Kästen passt, die zu klein sind, um darin Wurzeln zu schlagen? Alles in allem gebückte Arbeit, die Wellen lassen sich kaum bepflanzen, sie sind nur auf Meisters Vernichtung aus. Ein ewiger dreißigjähriger Krieg, und zwischen den Wellen warten die Fische, und oben an Deck lacht der Leutnant aus Frankfurt, der sich hin und wieder die Sichel ausleiht, um die frisch erworbenen Schatten in etwas kleinere Bahnen zu schneiden, damit er sie besser verkaufen kann. Nagasaki, Deshima, hier und da eine Zwischenstation.

Aber der Schiffsgärtner weiß ganz genau, dass es besser ist, Salat anzupflanzen als zwischen den Masten herumzuklettern. Besser ein bisschen gebückte Arbeit als im Segel des Schattenschneiders zu sitzen und auf unsichtbare Küsten zu starren oder unten an Bord neben Männern zu hocken, die Gewehre polieren und Wetten abschließen und ihn für seine Arbeit verspotten, weil er weder Soldat noch Matrose ist, zwar weiß, wie man sich in die Erde gräbt, dafür aber nichts von beweglichen Böden. In Wirklichkeit ist ihr Spott nichts als Neid, denn nur Perückenträger kommen an Frischkost. Der Rest ernährt sich hauptsächlich von Flüchen, die der Gärtner nur zur Hälfte versteht, diese Mischung aus Hottentottisch und Deutsch, das Ganze mit Niederländisch versetzt. Den Rest hat der Schattenschneider erfunden für Meisters Wörterbuch einer Fahrt übers Meer.

Aber darf man schreibenden Gärtnern trauen, die genau wissen, wie man die Wirklichkeit pfropft? Hier wird beschnitten, da wieder bewässert, hier etwas zu wenig, da etwas zu viel. Und immer bescheiden in Gartenmaßen, Zäune vor Frauen und Kinder in Hecken, ein Sinnspruch gegen den nächsten Krieg, der die Wörter gegen den Wind verteidigt, bis die Flüche barock und lächerlich werden: «Dass euch der Donner schände, ihr Hunde! Ihr Schinder, ihr Filtze und Schabehälse, und wo den Teufel kommst du von dannen, lebst du auch noch, du verdammter Hund, brech dir den Nacken, lebst du noch?»

Tatsächlich, er lebt noch, der König der Kisten, der Kräuterkaiser und Erdensohn, Züchter von frischem Soldatensalat. Bis er schließlich nach Afrika kommt.

Kap guter Hoffnung! Ist das hier der größte Garten der Erde? Und warum ist er so schlecht bewässert, so flüchtig beschnitten, so wenig gepfropft? Was hat sich Gott nur dabei gedacht? Wozu diese nutzlosen Paradiese? Warum steht hier nur eine Holländerfestung, wo Soldaten Schiffe mit Schüssen empfangen und Fahnen hissen, statt Bäume zu pflanzen? Warum steht hier nicht längst das Schloss von Versailles, das in Frankreich sämtliche Gelder verschlingt, während hier das Wasser in Strömen fließt und Lustgärten leicht zu bewässern wären?

Wären da nicht die Hottentotten, deren Sprache Meister noch weniger spricht und die sich nur mühsam aufzeichnen lässt im Wörterbuch seiner Verwunderung. Ihre Kleidung gleicht deutschen Regenmänteln, aber nicht aus Tuch, stattdessen aus Fell, sie tragen keine Perücken, nur Ringe, sie können weder lesen noch schreiben, sie krähen wie Hähne und klappern wie Störche, wie französische Tanzmeister mit Kastagnetten, wie also soll man mit ihnen verhandeln?

Sie kennen nicht Gott, dafür auch nicht den Teufel. Adam und Eva? Nie gehört. Vom Schweiß deines Angesichts keine Rede, sie legen sich auf die Erde und schlafen, verschwinden in Gruben, Nestern und Höhlen. Das Fleisch schlagen sie auf Steinen flach und essen es roh, dazu eine Wurzel aus dem Erdreich gegraben, Hottentottenbrot, wie die Holländer sagen. Sichel und Hippe kennen sie nicht, weder Rasenspaten noch Heckenschere, sie schneiden die Bärte mit Feuersteinen, als ob es die besten Schermesser wären. Die Schiffsnägel der Holländer sammeln sie ein und schlagen sie auf den Steinen so flach, bis daraus richtige Lanzen werden. Sie kämpfen gut und laufen schneller als jedes Pferd, kein Mensch, kein Gärtner, kein Marathonläufer würde ihnen jemals entkommen.

Schreibt der Schiffsgärtner Gottes aus Sonderhausen. Ist es das Auge, das Mitleid, das Ohr, die Bewunderung, die ihm die Feder führt? Oder ist es die Angst? Hinter ihm steht der Leutnant und lacht. Höchste Zeit, dass wir weiterreisen. Für den Leutnant aus Frankfurt ist hier nichts zu holen, keine Seele und also kein einziger Schatten, den man günstig nach auswärts weiterverkauft.

Im Abteil ist es still. Zwei der Marathonhelden schlafen, die anderen drei sitzen über den Karten, nächste Station ist Batavia. Nie gehört. Damit sind drei von fünf aus dem Rennen, und die anderen beiden will ich nicht wecken. Vielleicht kennen sie meine Geschichte ja schon, und draußen wütet ein heftiger Drehsturm. Der Schiffsgärtner fürchtet um seine Kisten, und der Koch kann seine Suppe nicht halten. Den Männern fliegt heißer Speck um die Ohren, der ihnen die Beine und Füße verbrennt. Sogar der Leutnant aus Frankfurt duckt sich und wünscht sich, vielleicht zum ersten Mal, nicht in Schatten, sondern an Land zu handeln. Bei besserem Wetter, mit leichteren Waren, bis man die Insel Unrüst erreicht, wo die Holländer ihre Schiffe proviantieren und Meister noch einmal die Kästen versorgt. Von dort aus weiter zur Teufelsinsel, wo der Schattenmann gleichfalls Geschäfte betreibt. Dorthin, das ist eine andere Geschichte, verkauft er jeden Matrosen, der flucht. Denn nur wer nach viertausend deutschen Meilen immer noch weiß, wie man wirklich betet, kommt auch in Batavia an.

Batavia! Wo man die Sonne um sechs schafottiert, wo in den Kanälen die Mücke gedeiht, diese Stadt, wo es alles zu kaufen gibt, nur keine Gesundheit. Weshalb Junghuhn dort sicher kein Arzt werden wird und Nichtschwimmer Kapf seinen Kopf verliert, eine Stadt, die Hagenbeck niemals erreicht und von der Hagebucher nur träumt, diese Stadt, deren Gäste gern Karten spielen, um zu vergessen, dass überall Krieg herrscht.

Jetzt hat auch Meisters Stunde geschlagen. Der Schiffsgärtner Gottes muss dabei zusehen, wie der Oberschiffszimmermann die Kästen zerschlägt, den ersten, den zweiten, den dritten, den vierten. Die Heimaterde schmeißt man ins Wasser, dort vermischt sie sich mit der anderen Erde und mit allem, was auf dem Meeresgrund treibt. Mit Helmen und Hüten und Rasenspachteln, mit Suppenkräutern und Holländerspeck, mit unverdautem Soldatensalat, mit in kleine Bahnen geschnittenen Schatten. Der Leutnant aus Frankfurt hat Recht behalten. Auf Java gibt es andere Gärten, andere Kräuter und andere Suppen. Man ist hier nicht darauf angewiesen, dass ein deutscher Gärtner die Küche versorgt.

Hier braucht man weder Köche noch Gärtner, man braucht hier Soldaten. Denn der Kaiser von Java führt einen Krieg gegen den anderen Kaiser von Java, und nur Gott weiß, wie viele Kaiser es gibt und welchem von ihnen man helfen soll, indem man Soldaten in Büschen versteckt, wo sie nächtelang auf der Lauer liegen und nicht wirklich wissen, auf wen sie warten. Denn nur selten kommen Rebellen vorbei, und niemals darf man sich sicher sein, sind es Rebellen oder sind es nur Räuber, oder ist es womöglich der Kaiser persönlich? Man führt hier nämlich in fremden Kostümen gerne Soldaten an Nasen herum.

Hinter den Büschen die komische Landschaft, hingeschüttet läuft Zeit vorbei, die man gemeinsam totschießen kann, indem man sich auf die Lauer legt, um das eine oder andere Tier zu erlegen. Seltsame Tiere, niemals gesehen, nicht in den Gruben von Sonderhausen und auch nicht am Kap von Afrika. Große Hitze und Luftfeuchtigkeit. Nur schlafende Männer sind noch mit im Spiel, weil Tiere im Traum nicht gefährlich werden. Sie wissen noch gar nicht, worum es sich handelt, wenn man wirklich auf Reisen geht. Tigertiere und Rhinoceroten, Krokodile, Rehe und wilde Schweine, Hirsche und Lebuans, wilde Kühe, die alle sämtlich das Feuer scheuen.

Meister zieht aus dem Rucksack die Sichel und legt sich auf seine erste Lauer. Nur hat er die kleinen Tiere vergessen, weil er glaubte, sie schon von zuhause zu kennen, diesen tückischsten Teil der göttlichen Schöpfung. Denn immer stopft Gott die Gemeinheit ins Kleinste, in Körper, die man nicht hört, wenn sie kommen, eine kleine Armee ohne Fahne und Trommel. Waldmücken, Ameisen, nichts für das Auge, nichts, wofür man Gewehre anlegt. Aber sie bringen jeden Gärtner zur Strecke, wie die Laus, die seine Salate zerfetzt, wie die Ameise, die unter Fliesen wandert und Häuser am liebsten von unten bewohnt. Mit diesem Feind hat hier niemand gerechnet, bis den Gärtner das Fieber erwischt. Der Kopf wird heiß und die Beine so dick, dass sich kein einziger Schritt machen lässt.

Dabei sollte die Erde ein Garten sein und Gott noch immer ein fröhlicher Gärtner und Georg Meister sein fröhlicher Jünger, der sich die Erde untertan macht und lieber Perücken tragen würde, anstatt Pässe von Kaisern zu verwalten, die er niemals zu sehen bekommt. Im Fieber beginnt er, Pflanzen zu sammeln, viertausend Meilen entfernt von zuhause, denn schließlich sind wir noch längst nicht am Ziel. Und irgendjemand kommt immer vorbei, irgendeine Zufallsbekanntschaft, die uns für immer vom Kriegsdienst befreit. Abwarten, sagt der Leutnant aus Frankfurt, der in Batavia lachend am Kartentisch sitzt und am liebsten auf doppelte Schatten setzt.

Bis tatsächlich einer vorbeikommt. Andreas Cleyer, der Doktor aus Kassel, ein wahrer Meister doppelter Schatten, dessen zweiter Titel der schönere ist: Festungsapotheker der Kolonie! Herrscher der medizinischen Gärten, Züchter und Hersteller, Verwerter von Kräutern, von Gift und von anderer Medizin. Ein Mann, der jede Krankheit verwaltet zwischen Amsterdam und Batavia, Arzt und Kaufmann in einer Person. Ein mächtiger Mann und ein großes

Gefolge, Laboranten, Apotheker und Kräuterkenner, seine Gärten sind groß. Und Meister schlägt ein, wird Gärtner und Baumschüler in einer Person, als wäre gar keine Zeit verstrichen zwischen Sonderhausen und Amsterdam, zwischen Kapstadt und Batavia.

Die Frau in der Hecke ist längst vergessen, und ob Cleyer noch andere Geschäfte betreibt, kümmert Gottes Schiffsgärtner wenig. Wir sind hier am anderen Ende der Welt, wo jeder auf eigene Rechnung handelt, und diese Rechnung ist kompliziert, sodass es womöglich Jahre dauert, bis man vom Meer aus den Schuldenberg sieht.

Meister, Verwalter medizinischer Gärten, zieht seine Sichel sofort aus dem Sack und macht sich ans Werk. Sklaven in Büsche und Wildnisse schicken, alles pflücken, was wächst und was riecht. Also Pflanzen sammeln, dann Kräuter wässern, dann Kräuter bestimmen. Ein Pfahl und ein Rohr, um hier und da ein paar Sklaven zu prügeln, falls sie die Lust am Sammeln verlieren und irgendwo auf der Strecke bleiben bei Hitze und hoher Luftfeuchtigkeit. Hier und da eine Trinkstation, damit alles in eine Ordnung kommt, die Apotheker begeistert und den Gärtner der Festung zum Schwärmen bringt. Der Rest der Zeit steckt im Wörterbuch. Auch hier wird gesammelt, beschrieben, beschnitten und immer wieder von vorne bewässert, was aus der Feder Gottes kommt.

Damit sind wir auch schon bei der nächsten Frage: Wie viele Sprachen spricht man auf Java, und welche davon hat Meister gelernt? Holländisch oder Portugiesisch, Malaiisch, Ballisch oder Javanisch?

Ballisch? Javanisch? Nie gehört. Im Abteil ist es still. Die Kartenspieler sitzen am Fenster, es wird dunkel, viel ist nicht zu erkennen. Die Männer sprechen im Schlaf, eine Sprache, die nur sie selber verstehen. Also gehe ich gleich zu den Rätseln über: Was ist der nützlichste Baum der Welt? Apfelbaum, flüstern die Männer im Schlaf, ohne auch nur die Köpfe zu heben, sie sind sich ihrer Sache ganz sicher. Die Heimatfrucht, natürlich, der Apfel! Und der Apfel? Natürlich, das Paradies! Das Paradies? Der Garten Gottes, wo man den ersten Apfel aß und das Unglück über die Menschheit brachte. Der erste Apfel wurde niemals verdaut, Freiheit, Gleichheit und Brüderlichkeit, Erkenntnis, Vertreibung. Der Rest der Geschichte gebückte Arbeit, alles im Schweiß deines Angesichts. Das ist der nützlichste Baum der Welt?

Vom Clapperbaum haben sie nie gehört, damit sind auch die Schläfer aus dem Spiel. Eine kleine Seereise würde nicht schaden, etwas weiter nach Süden, wo man ihn Clappus und Cocus nennt. Aus der Rinde wird der Bastrock gemacht, die Nüsse stillen Hunger und Durst. Ganze Mannschaften könnte man davon ernähren und jahrelang über die Meere schicken, auch ohne hölzerne Kästen an Bord, keiner würde zugrunde gehen. Denn das Mark ist wie Brot und das Wasser wie Milch, man trinkt sie und wäscht sich damit die Augen, sofort wird die Welt wieder deutlich. Auch andere Krankheiten könnte man heilen, aber ich möchte den Männern nicht nahe treten. Der Milchrahm, die Holländer nennen ihn Liplap, schmeckt und verdaut sich leicht wie die Luft, der deutsche Apfel liegt schwerer im Magen. Aus Liplap lässt sich auch Butter schlagen, im

Cocusöl werden Fische gebraten, mit Cocusöl reibt man die Körper ein, den Rest des Öls gießt man nachher in Lampen, damit man nachts schon von weitem sieht, dass Batavias Festungen hell bewohnt sind, wo man Affen mit Nüssen auf Bäumen fängt, wo es Cocuswein gibt und Süßigkeiten, alles aus einem Saft gewonnen, den selbst Fledermäuse und Ameisen lieben.

Von innen nach außen, jetzt kommen die Schalen, aus denen man Lunten und Seile macht, danach dreht man sie fester zu Ankerketten oder zu Schnüren, um Schatten zu Paketen zu packen, die man dann weiter nach Übersee schickt. Der Rest der Schalen ist Kochgeschirr, Teller, Löffel und Tassen, die Chinesen trinken Tabak daraus. Was dann noch an Schalen übrig bleibt, kommt in ein Feuer, das brennt besser und heißer als jede Kohle aus deutschen Gruben. Was die Stämme betrifft, beste Palisaden, die Blätter dagegen macht man zu Besen, um die Ameisen aus den Ecken zu fegen, um Dächer zu decken und Schirme zu bauen, Regenmäntel und leichte Hüte. Der Rest wird in die Sonne gelegt, so lange, bis daraus Schreibpapier wird, auf dem sich fast alles festhalten lässt: Rechnungen, Register und Tagebücher, Schuldenkonten und Liebesbriefe, sogar Wörterbücher und große Gedichte, das folgende von einem Gärtner verfasst: «Komm Sterblicher und schau mit unverwandten Augen mich als ein Meisterstück des höchsten Schöpfers an, lass mich als Oberhaupt der nutzbarn Bäume taugen, solange mein Geschlecht hier Früchte tragen kann.»

Die Schläfer seufzen noch lauter im Schlaf, und die Kartenspieler drehen sich weg und starren noch deutlicher aus dem Fenster, obwohl es dort nichts mehr zu sehen gibt, die Dunkelheit ist so gut wie vollkommen. Vielleicht ist ihnen meine Stimme zu laut, mein Vortrag zu heftig, oder sie halten nicht viel von Gedichten? Also gehe ich, weil ich nicht langweilen möchte, sofort zur letzten Strophe über, die fünf Strophen dazwischen lasse ich weg: «Drum wer vorübergeht, der bleibe hier was stehen und schaue mich nur recht als einen Quellen an. Des Höchsten Gütigkeit läßt solches mir geschehen, nicht hats der Fleiß, den ich nicht achte, hier getan.»

Ballisch Barock? Womöglich Javanisch? Auch der Zug ist plötzlich stehen geblieben, und ich bin vermutlich längst aus dem Rennen. Nur Cleyer läuft weiter, mit Kurs auf Japan, Cleyer bereits mit dem dritten Titel, Faktoreidirektor der Niederlande, und Meister als Hofmeister mit im Gefolge. Deshima! Das wachsame Auge Japans aufs Meer, Festungsanbau der Stadt Nagasaki, eine künstliche Insel, die in keinem Atlas verzeichnet ist. Auf dem Stadtplan nichts als ein kleines Trapez, der einzige Ort auf der ganzen Welt, wo ein Handel mit Japan noch möglich ist. Größe? Fünfzehn Quadratkilometer. Die Mauern nach Osten und Westen je siebzig, die Südmauer zweihundertdreißig Meter, die Nordmauer um die einhundertneunzig. Vermutlich zu klein für Marathonläufer.

Auch Frauen und Kinder bleiben zuhause, für Familien ist kein Platz auf der Insel, auch nicht für Priester und Missionare. Schiffsgärtner Gottes! Siehst du dort hinten den Pfaffenberg? Von dort aus fliegt jeder Priester ins Meer, der allzu oft das Kreuzzeichen schlägt. Die Japaner sind nicht für Gebete zu haben, sie nehmen jede Geste beim Wort, mit deutschen Sicheln verhandeln sie nicht. Der Schattenschneider weiß das genau, er ist länger in diesem Geschäft als Cleyer.

Vermutlich schon fast so lange wie Gott, der genau weiß, wann man das Kreuzzeichen schlägt und wann man besser die Hände nur faltet und sich dabei leicht nach vorne verbeugt. Als Kaufmann ist Gott nicht wählerisch. Er spricht alle Sprachen, trägt alle Kostüme und weiß, auf welche Gesten man besser verzichtet, wenn man das Festland erreichen will, um in Verhandlungen einzutreten. Die Japaner wissen genau, was sie wollen, Seide aus China und aus Bengalen, aus Siam Tierhaut und Sappanholz, vom Rest der Welt Baumwolle, Quecksilber, Blei. Gedichte dagegen wollen sie nicht, weder Flüche noch Lieder in fremden Sprachen.

Denn die Insel Deshima ist kein Garten, sie ist ein Gefängnis. Man darf dort weder trinken noch fluchen, weder Gott noch den Teufel führt man im Mund, Japanisch lernen ist gleichfalls verboten. Ein Gewächshaus der ganz besonderen Art, für das die Holländer übrigens Miete zahlen und wo Frischluft den Pflanzen nur schaden würde. Auch für die Wartung kommen die Holländer auf. Alles ist sicher und fest umzäunt, eine Warntafel hier und da eine zweite, auf der steht, wer wann kommt, wer wann geht, und alles nach klaren Stundenplänen, die Tage und Jahreszeiten regeln. Auch, wann man das westliche Wassertor öffnet, um die Waren vom Ende der Welt zu löschen. Das alles geschieht mit Aufwand und Zeit, alles wird doppelt und dreifach gedreht, gewendet, kontrolliert und geprüft, jede

Plane wird einzeln gelüftet, womöglich steckt doch noch ein Schmuggler darunter, ein Spion, ein Priester, ein Sack voller Kreuze. Danach wird gewogen, geschätzt und gezählt, und jede Ware wird fünffach versiegelt. Was nützen Cleyer die Schlüssel zum Lager, wenn die Siegel doch unantastbar sind in einem Land, das verschlossen ist? Nur der Schattenschneider weiß, wie man an Waren kommt, wie man unter dem Siegel die Schatten wegstiehlt, ohne das Siegel selbst zu berühren. Ein Geheimnis, das er für sich behält, zu Recht, denn bei Gott ist er Monopolist.

Und in welcher Sprache wird hier gesprochen? Stille Post! Man kennt hier die Welt nur vom Hörensagen, weshalb die Dolmetscher wahre Könige sind. Man glaubt, sie führen Befehle aus, man hält sie für Diener, doch in Wahrheit regieren sie heimlich die Insel. Sie führen die Aufsicht, sie verhandeln die Waren und diktieren Preise, die sie am liebsten selber erfinden. Das muss niemand wissen, der Kaiser ist weit. Was ist das mächtigste Handwerk der Welt? Das Dolmetscherhandwerk! Mit dem man die Zeit endlos totschlagen kann, indem man Geduld in die Waagschale wirft, erst Freundschaft, dann wieder Verwirrung stiftet, die Wirklichkeit pfropft und dreht und wendet. Hier wird beschnitten, da etwas bewässert, hier wird gefeuert, da wieder gelöscht, ein zweites, ein drittes Mal nachgefragt, was heute noch gilt, muss morgen nicht gelten. Vielleicht hat der Kaiser inzwischen schon längst ein neues Gesetz erlassen?

Der Kaiser sagt es dem Zwischenkaiser, der Zwischenkaiser dem Unterkaiser, der Unterkaiser dem Hofmarschall, der Hofmarschall ruft den Oberdolmetscher, der

Oberdolmetscher den Unterdolmetscher, der Unterdolmetscher den Dolmetscherlehrling, und der Dolmetscherlehrling ruft seinen Sohn, der wiederum Dolmetscher werden soll. So vererbt sich das Handwerk von Vater auf Sohn, und wenn der Sohn endlich Dolmetscher ist, worüber Jahre vergehen können, macht er sich auf den Weg nach Deshima und sagt es den dortigen Dolmetschern weiter, die es ihrerseits Doktor Cleyer sagen, der es seinerseits seinem Hofmeister sagt, der behauptet, er hätte alles gesehen, in Wahrheit hat er nur manches gehört.

Der Rest ist dazu erfunden, für das Wörterbuch einer Fahrt übers Meer, in dem es unter anderem heißt: «Die Japponer sind schlimme Füchse. Halb sind sie gut, und halb sind sie böse. Ich höre, der Kaiser ist gestorben, was gehts mich an, ich habe nichts gehört, man wird schon einen anderen wählen. Es sind sehr viele Soldaten im Reich, aber auch viele widersinnige Köpfe. Der Säbel kann sie schon bändigen, denn einem ist nur die Krone gerecht. Genug Japponisch geredet.»

Der Zug steht noch immer auf offener Strecke, von den Männern hört mir keiner mehr zu, und der Schaffner ist nirgends aufzutreiben. Wahrscheinlich sitzt er in einem anderen Zug, und nur wir müssen warten. Irgendwo in der Dunkelheit, in den Marathongruben von Sonderhausen, ohne Licht, ohne Frischluft und Trinkstation. Dabei wollte ich dringend den Schaffner bitten, mir ein zweites Mal Meisters Bild zu zeigen, den Mann, die Perücke, die Augen und Ohren, die man nicht sieht, umso deutlicher dafür Nase und Mund. Ist das der Mund eines ehrlichen

Mannes? Eines Mannes, der Deutsch und Japanisch spricht, Portugiesisch und Ballisch, Javanisch, Malaiisch? Ist das der Gärtner der Wörterbücher, der Mann einer Frau, die in Sonderhausen immer noch in ihrer Hecke sitzt? Ist er womöglich nur Gärtner zum Schein, ein Spion, ein einfacher Totengräber?

Aber das alles spielt keine Rolle. Genehmigungspflichtig ist jeder Landgang. Wer Deshima verlassen will, stellt einen Antrag, und wer wirklich das Festland betreten möchte, der sollte auch wissen, wovon er spricht. Ein falsches Wort, und schon ist er entlassen, womöglich für immer des Landes verwiesen. Besser, man richtet den Blick nach unten, denn Informationen stopft Gott am liebsten ins Kleinste, dorthin, wo sie niemand vermutet. Man muss lernen, wieder gebückt zu gehen, beiläufig die Schöpfung in Augenschein nehmen, wer das Kleine erkennt, erfährt auch das Große. Sprich über Pflanzen mit den Japanern, das einzige unverdächtige Thema! Lass dir die Pflanzen des Landes zeigen, lass dir alle Bäume der Heimat erklären, zeig Anteilnahme an allem, was ist, an allem, was in der Fremde blüht. Und sag ihnen, dass du die Felsen liebst, mit denen sie ihre Gärten schmücken. Mach ihnen deutlich, wie sehr dich entzückt, dass sie Klippen zwischen die Bäume bauen, dass durch künstliche Röhren Wasser fließt, in Becken, wo schimmernde Fische schwimmen, Becken mit Löchern und Klüften und Türen, rund oder viereckig oder oval, in eine Landschaft, die man gern künstlich verbessert, die man mit eigenen Bildern ausmalt, in deren Nischen man Vogelnester aufstellt, gefüllt mit Eiern aus Porzellan. Alles Barock, fast so schön wie zuhause.

Und wenn man dann über die Pflanzen spricht, über Becken und Brunnen und über die Hügel, fällt es am Ende gar nicht mehr auf, wenn du, der Spion, den Gärtner nur spielst und in der Tasche mit deinem versteckten Kompass in Wahrheit heimlich die Gegend vermisst. So hat man die halbe Welt vermessen, so haben es andere vor dir gemacht, so werden es andere nach dir machen. Während Cleyer mit Samt und mit Seide handelt, handelt der Hofmeister einfach mit Land, mit Erde, mit Landschaft, mit fremden Sprachen. Und niemand wird ihn zu fassen bekommen, denn wo er auch hinkommt, man sieht ihn nicht wirklich, egal wo er ist, er wirft keinen Schatten. Sein Schatten ist anderswohin unterwegs, in anderen Diensten, in Schattengeschäften, weshalb ich noch einmal sein Bild sehen möchte. Welches Bild?, fragt der Schaffner und schließt leise die Tür, denn er möchte die schlafenden Männer nicht wecken, die immer noch von den Gruben träumen.

Die Landschaft draußen ist stehen geblieben, sieben Jahre sind noch nicht vorbei, und Meister muss weiter Pflanzen sammeln. Sein Atem rasselt, ich höre ihn keuchen, irgendetwas braut sich zusammen auf der fernen künstlichen Insel Deshima. Ein Sturm. Und in einer windigen Nacht springt plötzlich ein Unterkaufmann ins Wasser, betrunken, schreibt Cleyer in seinem Bericht. Vermutlich wollte er sich erfrischen, vielleicht auch nur ein paar Schulden abwaschen. Aus der Ferne lässt sich das schlecht unterscheiden, weil sich kein Wachboot in der Nähe befand. Bei Sturm liegen alle vertäut am Ufer, also sah man von weitem dem Mann dabei zu, wie er winkend schwächer und schwächer wurde und allmählich zwischen den Wellen verschwand. Bis am Morgen die See den Körper an Land spült, aus der Sicht Doktor Cleyers der beste Beweis, dass der Tote wirklich unschuldig ist, man hätte ihn sonst ganz verschwinden lassen.

Doch die Japaner glauben Cleyer kein Wort. Wo ein Mann ertrinkt, da ertrinken auch andere, wo sich eine Kiste in Luft auflöst, da verschwinden am nächsten Tag andere Kisten. Mängel in der Wartung des Gartengeländes, schreibt der Faktoreidirektor. Dabei weiß er so gut wie die Japaner und ich, dass, wo ein Loch ist, sich auch ein zweites findet, durch das nachts die chinesischen Schmuggler schlüpfen, und ein drittes, durch das ein ganzes Gefolge nachrückt.

Gartenspione und Schattenschneider, Oberschmuggler und Zwischenschmuggler, japanische Dolmetscher und Schmugglerlehrlinge. Der Vater vererbt sein Handwerk dem Sohn, und der Sohn schließt sich selber im Warenhaus ein und schmuggelt die Waren durchs Fenster nach draußen. Was in der Eile nicht in die Boote passt, wird ohne Zögern ins Wasser geworfen, Porzellan und Keramik, ganze Ballen von Seide, ganze Vogelnester aus künstlichen Gärten, alles versinkt auf dem Boden des Meeres und vermischt sich dort mit dem übrigen Abfall, mit Sicheln, Hippen und Rasenspaten.

Schreibt der Leutnant aus Frankfurt in seinem Bericht. Stille Post! Er ist mit seinen Geschäften zufrieden, diesmal hat sich die Reise gelohnt. Sieben Jahre sind fast vorbei, die Beute ist noch viel besser als sonst. Also höchste Zeit, seine Koffer zu packen, bevor die Japaner den Schaden bemerken und womöglich sein Siegel genauer prüfen. Aber noch zögert der Schattenschneider, es gibt ein letztes Geschäft, das ihn hält. Er kennt die Japaner und weiß genau, dass sie alles andere als kleinlich sind, was die Bestrafung von Schmugglern betrifft. Der grausamste, mühsamste Tod von allen, bei dem eine Menge Schatten fällt. Die Chinesen werden ins Meer geworfen, wer entkommt, wird auf immer des Landes verwiesen. Der Zaun um Deshima wird abgerissen und durch einen anderen Zaun ersetzt, dessen Stacheln hoch in den Himmel ragen. Und die Schmuggler aus den eigenen Reihen, die japanischen Vaterlandsverräter, werden Mann neben Mann an Kreuze geschlagen. Ein Versorgungskaufmann, drei Hilfsdolmetscher, die haben den Kaiser wohl missverstanden auf seiner letzten Audienz, als er Cleyer noch höfliche Fragen stellte, die sich mühelos übersetzen ließen: Welche Haarfarbe haben die Holländer, welche Lieder singt man in Amsterdam, wie kommt man von Deshima weiter nach Querfurt, und werden in Dresden Perücken getragen?

Schiffsgärtner Gottes, höchste Zeit, deine Koffer zu packen! Wer zögert, verliert, und wer nicht die richtige Antwort weiß, wird womöglich noch im Stehen enthauptet. Doch für diesmal kommst du mit dem Schrecken davon, genau wie die anderen Heimatschmuggler, nur dass wir der Hinrichtung zusehen müssen, mit eigenen Augen und eigenen Ohren, auch eine Perücke würde nichts nützen. Dann endlich darf Meister den Abschied nehmen, alles in allem gebeugte Arbeit, an die man sich später nicht gerne erinnert, wenn man endlich ein Schiff besteigt, um für immer nach Hause zurück zu entkommen. Doktor Cleyer wird noch am selben Abend auf immer und ewig des Landes verwiesen, sein Name verliert sich in unseren Akten und wird durch einen neuen ersetzt, einen anderen Faktoreidirektor, der genauso wenig Japanisch spricht.

Plötzlich setzt sich der Zug in Bewegung, die nächste Station ist Sonderhausen. Die Männer erwachen mit einem Ruck, ziehen die Helme aus den Taschen, fangen von vorne an zu polieren, schnüren zum hundertsten Mal ihre Schuhe, und ein anderer Schaffner öffnet die Tür. Ein ehemaliger Leutnant aus Frankfurt, den ich nicht nach dem Bild fragen möchte. Denn ich habe beschlossen, nicht auszusteigen, die Marathonhelden sind mir egal. Die Gruben interessieren mich nicht, auch wenn der Schaffner mit heller Stimme, die nicht wirklich zu seinem Alter passt, die Vorzüge seiner Heimatstadt preist. Man muss doch mit eigenen Augen sehen, wie die Männer laufen und schwitzen und kämpfen, ich bin früher selbst mit dabei gewesen. Jetzt dagegen, das sehen Sie ja, Geschäfte, Geschäfte. Wobei wenig Zeit für die Gruben bleibt, und auch für die Gärten, sieben Jahre sind schnell vorbei, noch zwei, dann kann ich den Abschied nehmen und endlich den Schrebergarten bepflanzen, mich um Frauen und Kinder und Beete kümmern, Zäune setzen und Hecken beschneiden, immer wieder fällt etwas an. Von wegen die Gärten, sage ich leise, wie komme ich schnellstens von hier aus nach Dresden? Um endlich den letzten Garten zu sehen, den der Schiffsgärtner Gottes bewirtschaftet hat?

Als ich das Bild aus der Tasche ziehe, wird es im Garten still, nie gesehen, sagen die Männer. Sie denken sich Gärtner nicht unter Perücken, aber sie zeigen mir alles, wonach ich frage. Den kurfürstlichen Garten vor dem Pirnaischen Tor, später der Große Garten genannt, den Meister mit tropischen Pflanzen versorgt. Danach den Zwinger und den Türkischen Garten, dort hat er vermutlich den Rucksack geöffnet und die Vogeleier herausgeholt, bestes japanisches Porzellan, mit dem er die künstlichen Nester bestückte. Dem Kurfürst wird das gefallen haben, bis heute schwärmt er für fremde Länder und Sitten, für Sinnsprüche, die man in Hecken schneidet und die er für japanische Schriftzeichen hält, weil man hier selten an Frischluft kommt.

Und was ist mit Meisters Wörterbuch? Nie gelesen, sagen die Männer, denn sie sind nicht wirklich herumgekommen, für Sprachen haben sie wenig Zeit. Irgendjemand kommt immer vorbei, überhaupt hat man jede Hand voll zu tun, wenn man die Gärten instand halten will. Alles in allem gebückte Arbeit, und nach Feierabend liest man nicht gern, weil die Schrift so schwer zu entziffern ist.

Ich weiß, sage ich und trete zur Seite, weil ich im Augenwinkel schon sehe, dass gleich links in der Hecke hinter dem Schloss immer noch eine Frau sitzt und wartet, die glaubt, dass Meister zurückkommen wird. Damit man sie schon von weitem erkennt, hält sie ein riesiges Buch in die Luft, dessen Titel viel zu barock und zu lang ist, um ihn noch einmal in Worte zu fassen. Aber sie hat mich längst entdeckt, weil sie weiß, ich kann mich nicht länger verstecken. Also winke ich Abschied und beginne zu laufen, während ich hinter mir ihren Atem höre, der zunehmend lauter zu rasseln beginnt. Genau wie meiner, sie kommt näher und näher, bis sie meine Schulter erreicht, mir die Hand auf die fliehende Schulter legt und mich für immer zum Anhalten zwingt. Und weil ich die Zeit nicht für dumm verkaufe, bleibe ich stehen und drehe mich um.

Denn von Totengräber zu Totengräber ist die letzte Frage immer dieselbe: Ich will wissen, was aus ihm geworden ist. Sie haben mir seine Perücke versprochen, sagt die Frau und zieht Meisters Bild aus der Tasche. Dabei weiß sie natürlich viel besser als ich, was aus Meister geworden ist: Orientalischer Kunst- und Lustgärtner zu Dresden, Kreuzzeichen schlagend versehen mit Ehren, behängt mit Perücken, während ich nicht von hier bin, sondern nur auf der Flucht, unterwegs in die Gruben von Sonderhausen. Gleich kommt die nächste Trinkstation, von oben scheint schnurgerade die Sonne, und indem mein Blick jetzt zu Boden geht, sehe ich, was sie schon lange sieht. Dass wir beide keine Schatten mehr haben, weshalb es auch fast keine Mühe kostet, den Rucksack von den Schultern zu nehmen und einfach das Wörterbuch wegzustecken, dahin, wo neben Meisters Sichel der gründlich versteckte Kompass liegt.

Hombre

FRANZ JOSEPH ERNESTUS
ANTONIUS EMERENTIUS MARIA KAPF
(1759–1791)

Sie fragen nach meinen Untermietern? Der eine heißt Schiller, der andere Kapf, den hat Schiller letzte Nacht mit nach Hause geschleppt, Arm in Arm und sechs Vornamen singend. Franz Joseph Ernestus Antonius Emerentius Maria Kapf ist in Bayern bei den Jesuiten gewesen, die haben den Kindskopf mit Ideen gestopft, Manieren hat er so wenig wie Schiller. Hohe Karlsschule, wo man die Helden im Bündel schneidert. Erst Männer züchten wie Bäumchen, dann biegen, bis man kein Rauschen mehr hört, danach mit dem Rohrstock in Stücke hauen, dann kann man das Feuerholz versteigern. Die einen aufs Schiff nach Amerika, was übrig bleibt, an die Nachbarn verkaufen, Hollands Ostindienkompanie, da ist Geld, wie man hört, die brauchen Soldaten und schicken sie weiter nach Afrika.

Aber solange sie noch zuhause sind, nur schmutzige Stiefel und Großsprecherei. Ein paar Preise für taktische Philosophie, Medaillen für Kriegsrecht und geographisches Fechten. Schiller hat vier, Kapf sogar acht. Im Spaziergang zerhaut er die Regentropfen und wird auch ohne Schirm nicht nass. Kapf ficht sich glatt unterm Unglück weg, hält sich, wohin er kommt, für den Sieger und will ein Begleiter von Damen werden, dabei riecht er nach Pferd. Ich habe ihn trotzdem aufgenommen, aus Mitleid oder womöglich aus Liebe, weil er ein Zwilling von Schiller ist. Sollen sie sich das Zimmer teilen, Medikus Schiller und Kapf, mein Soldat, der sich seit gestern Nacht damit brüstet, dass er von beiden der Ältere ist. Reißt die Arme von der Hosennaht weg, erst nach vorn, dann nach oben und schreit, ich bin ein Januarkind, die Eins und der Anfang. Schiller ist erst im November geboren, ein trüber Monat, schreit Kapf, der aus Kindern nicht Männer, nur Dichter macht.

Kapf hält nichts vom Dichten, schreibt stattdessen Pamphlete gegen alles, woran er sich selber nicht hält, wenn er nachts beim Wein zu den Waffen greift, das enge Zimmer zum Schlachtfeld macht und mit wenigen Hieben erst die Vorhänge links, dann die Vorhänge rechts, von oben nach unten in Hälften haut. Vier, ruft er, sind doch viel schöner als zwei, liebe Frau Vischer, das sehen Sie doch, und ich sage, Kapf, das kommt mit auf die Rechnung. Kapf trinkt und prügelt und predigt für zehn, von Aufbruch und Ausfahrt und fernen Ländern und wie man die Welt erobern muss, indem man die Menschen ans Glauben bringt, weil so wenig Glaube in Übersee ist. Heidenmissionar möchte er werden, und ich sage, Kapf, geh nach Afrika, da ist es heiß, auch Kindsköpfe schrumpfen. Die Welt, was ich lese, ist groß, sechs Vornamen und ein Degen im Mantel, unterwegs die Gebete ins Meer geworfen. Ein unterhaltsamer Gott, der tags Predigten hält und nachts beim Wein die Karten traktiert.

Hombre heißt jetzt ihr Lieblingsspiel, weil das Denken und Dichten so müde macht, das Kartenspiel aber bringt Schiller und Kapf auf neue Gedanken. Die Regeln habe ich nicht begriffen, dafür den Lärm, der mich schlaflos macht, wenn es nachts in die nächste Runde geht. Manchmal schleiche ich mich die Treppe hinunter, knie mich hinter das Schlüsselloch und verstehe so viel, dass man bietet und kämpft und schlägt und verliert.

Jede Nacht verliert Kapf seine Schlüssel, dann bittet er mit den Füßen um Einlass, schon dreimal hat er die Tür eingetreten. Inspiration!, schreit er, Schiller muss lernen, die Bühne zu denken, ich spiele es vor, und er schreibt es auf, dem Dichter das Werk, dem Soldaten das Leben! Schiller erhebt sich vom Tisch, wirft Stift und Papier und pfeift seinen Kronenbitter wach, den armen Fourierschütz des armen Herrn Schiller, ein Mann, der sich auch nur wegtrinken möchte in weiter entfernte bessere Welten. Aber man lässt ihn hier nicht zur Ruhe kommen, Schillers Weinbringer, Schillers Zapfhahn, Schillers altes Mädchen für alles, der gehen muss, wenn kein anderer kann. Denn es ist etwas Großes im Anzug, eine richtige Revolution aus Papier, ganze Stapel von Blättern, mit schwerer schwarzer Tinte beschrieben. Kapf redet, Schiller schreibt auf, Geduld, Frau Vischer, warten Sie ab, der bringt Ihnen Ruhm und Ehre ins Haus.

Auch Geld, schreit Kapf, der ungekrönte König der Schulden. Weil er weiß, was in den Papieren steht, der ist von Anfang an mit dabei gewesen, hat vor mir neben Schiller gelegen, Bett an Bett, Mann auf Mann, die ganze Akademie lag im Fieber, eine kleine beharrliche Seuche, das hat dem Herzog Verluste gebracht. Und wer nicht am Fieber gestorben ist, den hat die Langeweile gefressen, kein Hombre, kein Degen, kein Kronenbitter, nur Wasser und schlechte Träume, Fieberköpfe und stickige Luft, alles wie geschaffen zum Dichten. Plötzlich kommt wieder Leben ins Haus. Das Krankenzimmer gerät in Bewegung, Hasen und Krüppel und lahme Hunde, alles, was Herz hat, Großes zu wagen, jeder will eine Rolle spielen, einen anderen neuen Namen tragen, jeder möchte ein Räuber sein, ein Spiegelberg, Razmann, Grimm oder Schweizer, ein Schufterle, Roller, Kosinsky und Schwarz, am liebsten gleich auf die Bühne springen, zum Säbel greifen, das Pulverfass rollen.

Was die Geschichte genauer enthält? Alles würde ich Ihnen verraten, könnte ich Schillers Handschrift entziffern, aber einmal dem Lazarett entkommen, wird wieder mit Wein, nicht mit Tinte geschrieben, so schwankend stehen die Buchstaben da. Vielleicht hat das Ganze auch Kapf hingeschmiert, denn was ich erkenne, die Geschichte ist alt: ein Vater, zwei Söhne, feindliche Brüder, der eine gut, der andere böse, der Böse hässlich, der Gute schön, der Gute die Augenweide des Vaters, der Böse sein hässlicher Stachel im Fleisch. Franz heißt die Kanaille, Galgen und Strick in einer Person, auf fünfzehn Männer kommt eine Frau, die sitzt auf dem Schloss und bewacht ihre Ehre, während draußen im Wald ein Bürgerkrieg tobt, den Reichen geben, den Armen nehmen, ein Traum von Füchsen für Hasen verfasst.

Der Rest steht noch aus. Mord, Intrige, Totschlag, Verzweiflung, am Ende legt alles Hand an sich selbst, weil das in Deutschland so üblich ist. Die Dame wirft ihre Liebe ins Messer, der Vater muss im Verlies verfaulen, der Böse dreht sich selber den Strick, der Gute flicht sich reuig aufs Rad. Hohe Karlsschule! Die Freiheit ist nur ein Stück Papier, ein kleines Gedicht, ein Gedanke von Schiller, fröhlich von Kapf in Verruf gebracht. Der Rest der Bande zerstreut sich im Wald, weil die Räuber nur eine Schulklasse sind, die hoffnungslos auseinander fällt, sobald der Befehl von oben verstummt. Der eine nach Hause, der andre nach Holland, der dritte aufs Schiff.

Für heute nur bis in den Bopserwald. Ich werde den Zwillingspicknickkorb packen, einen für Kapf und einen für Schiller, damit ihm der Mund nicht trocken wird, wenn er den letzten Akt deklamiert. Man muss Wein trinken unter freiem Himmel, schreit Kapf, wenn es eng wird zwischen den Beinen. Werfen Sie einen Blick auf die Zeichnung, und raten Sie, welcher es ist. Kniet er im Schatten oder sitzt er im Licht?*

Schiller ist letzte Nacht auf und davon, auf dem Esel des Ruhms dem Herzog entflohen. Hinterlassen hat er mir Kronenbitter, Kapf, seine Schulden und ein paar Gedichte, also alles, was nicht in die Tasche passt. Vielleicht werde ich einmal Geld daraus machen, denn letzte Woche war ich in Mannheim und habe heimlich *Die Räuber* gesehen, Schiller mit unterm Mantel, weil der Herzog ihm keinen Ausgang erlaubt. Das Publikum lag auf den Knien, die Herren gestiefelt, die Damen in Tränen. Und wie Schiller sich wegduckt unterm Applaus, sich heulend vor Freude nicht halten kann, wir trugen ihn nachher zu dritt.

Die Rückreise über sprach er in Versen, als hätte ihn wieder das Fieber erwischt. Wie eng ihm alles geworden ist, die Brust so geschnürt und zum Teufel den Herzog, es drängt ihn hinaus in die Welt, womit er, damit man ihn richtig versteht, nicht die Welt, sondern nur das Theater meint. Der Mann misst die Erde mit Schreibpapier aus, wo andere mühsam marschieren. Die Geographie steckt bei ihm in der Feder und kommt in langen Sätzen heraus, die Landschaft bleibt trotzdem eng und bekannt, aber ich hänge an meinem Kindskopf der Heimat.

Hier gehen, während Schiller nur Landstraßen tritt, in Wahrheit ganz andere Dinge vor. Die Ecken der Stadt sind mit Werbern gestopft, der Herzog braucht Geld und muss weiter Soldaten nach Holland verschachern. Und was ein gelernter Anwerber ist, der stiehlt auch den letzten Mann vor die Tür, aus den Armen von Müttern und Bräuten. Die Prozedur ist immer dieselbe. Zuerst das leise Geräusch des Geldes, danach ab in die Wirtschaft, beim Trinken die afrikanische Predigt von Sonne und Süden und ewiger Lust.

Ein Paradies!, schreit der Werber entschlossen und schenkt in der Regel zum zweiten Mal ein, und dem Opfer gehen die Augen über, wie nah das ferne Afrika ist, wie grenzenlos üppig das Abenteuer, wie würdevoll die Mission, wie groß die Ehre, wie gering die Gefahr, wie reichlich der Sold, sodass man, hier gießt er zum dritten Mal nach, die Lust aus riesigen Bechern trinkt. Und es regnet nie, die Sonne scheint immer, das ganze Land fröhlicher Wetterbericht, das ganze Leben ein einziger Sommer, nie wieder Schnee und nie kalte Füße, zu denen, jetzt schenkt er zum vierten Mal ein, schön und sehr preiswert Sklavinnen liegen, die alles können, wovon ich nichts weiß.

Ein Feigling, wer sich nach der Anfahrt erkundigt, nach Schiffen und Seegang, wer an Stürme und schwankende Masten denkt, an trübes Wasser und Zahnfleisch, an den Mann über Bord und das endlose Warten, wenn nicht der richtige Wind aufkommt. Das Meer ist ein Schluck aus dem fünften Becher, und die Angst vor der Reise stirbt mit dem sechsten, denn es gibt gar kein Meer und auch keine Stürme, Afrika ist nur ein Katzensprung. Und wer jetzt nicht den siebten Becher stürzt, nach Hause rennt und den Rucksack schnürt, soll seine Ehre ins Taschentuch knoten, im Vorgarten seiner Heimat vergraben und sehen, ob sie dort Früchte trägt.

Wer noch zögert und schwankt, kriegt den achten Becher, damit er die Dinge klarer sieht, damit er begreift, was er wirklich ist, nichts als ein Klotz am Bein seiner Heimat, das unerwünschte dreizehnte Kind, das dreizehnte Maul, das keiner mehr stopft. Weißt du denn überhaupt, wer du bist? Vielleicht bist du gar nicht der Sohn deines Vaters, womöglich nur eine Jahrmarktstrophäe oder die Brut einer Mittagsschicht, als im Bopserwald deine Mutter verschwand. Und der, der sich für deinen Vater hält, schon um euch nicht ins Gerede zu bringen, wird froh sein, wenn du den Abschied nimmst. Den elften Schluck auf dein zartes Gemüt, damit du siehst, wie gut man es meint. Im Übrigen muss sich hier niemand schämen, auch der Herzog macht überall fröhliche Kinder und muss nachher sehen, wohin damit. Er wird sie zu Offizieren machen, alle sechs gehen mit auf die Reise.

Kopf in den Becher, dort steht geschrieben, wie groß und günstig das Angebot ist. Von oben bis unten ein neues Leben, goldene Knöpfe und eckige Schultern, besser gepolstert als jedes Bett. Darin schläft man fest, und sie zeigt keine Falte, und Stiefel, gebaut für die Ewigkeit, dreimal Afrika hin und zurück, und die Sohle nachher noch immer wie neu.

Der Werber hat ganze Arbeit geleistet, die Hälfte des Körpers liegt schon unterm Tisch, aber erst, wenn das Opfer zu schielen beginnt, kommt der letzte Becher zum Einsatz, nicht Wein, sondern Würfel, ein Kinderspiel. Mehr als zehn Augen, und du gehörst mir. Doch der hat schon zehn Augen, der braucht keinen Wurf, um Soldat zu werden, wird sanft wie ein Lamm, legt den Kopf auf den Tisch und wacht am Morgen in Uniform auf.

Das hat mir mein Zwilling Kapf erzählt, auch wie satt er es hat, noch hier zu sitzen, wie sehr es ihn zum Marschieren drängt. Der lässt sich nicht mit Theater betrügen, mit Brettern, die eine Welt bedeuten, der braucht eine ganze

Welt für ein Brett. Die Werber sind die wirklichen Künstler, würfeln das Blaue vom Himmel herunter, und wo der Werber nicht Fuß fassen kann, arbeiten andere praktische Kräfte, es geht auch ohne Würfel und Wein. Man fasst nur Gelegenheiten beim Schopf, wirft Lasten ab, die Familien bedrücken. Und wie die Truppe von Tag zu Tag wächst, unruhige Füße in schlechten Stiefeln, schon steht das historische Kapregiment. Den Vertrag hat der Herzog längst unterschrieben, vermutlich hat er ihn gar nicht gelesen, noch bevor sie über die Grenze sind, hat er das Schicksal der Männer vergessen.

Aber dreimal hat der Herzog Pilatus gespielt, hat den Mannschaften ehrenhalber versichert, dass der, dem das Herz aus der Uniform rutscht, sie noch vor der Abreise ablegen darf. Und was die Offiziere betrifft, betreibt der Herzog ein zweites Geschäft. So großartig schreibt er die Posten aus, so ehrenvoll malt er die Zukunft der Männer, dass, wer Regimentsoffizier werden will, den Herzog dafür bezahlen muss. Die müssen ihr Elend kaufen, und sie kaufen es gern.

Womit Kapf sein Elend bezahlen will? Im Erfinden von Not ist er groß und katholisch, sechs Vornamen, jeder Name ein Schicksal, er malt seine Lage in schillernden Farben, spricht von hungrigen Eltern und blassen Geschwistern, die gleichfalls jedes sechs Vornamen tragen, der ist bei den Jesuiten gewesen, und einer trage des anderen Last. Die Wäsche, den üblichen Schuldenberg und eine lange Rede in Versen, in der er die Schönheit der Witwen preist. Was ist der Mann ohne Frau, Frau Vischer, und ich sage, Kapf, das kommt mit auf die Rechnung, was Sie heute nicht zahlen, das zahlen Sie morgen, in welcher Münze, das weiß ich noch nicht, Ihr katholischer Gott weiß es aber schon jetzt.

Und wie Kapf das Reisefieber schüttelt! Doch noch schiebt er auf Hohenasperg die Schicht, dort muss er den Dichter Schubart bewachen, dem es schlechter als Schiller ergangen ist, ein Mann, der sich auch nur wegtrinken wollte, in weiter entfernte bessere Welten. Der sitzt jetzt ein, für nichts als Verse, die dem Herzog etwas missfallen haben. Aber ich halte die Wette. Schubart wird einen Abschiedschor schreiben, ohne Musik lässt man Männer nicht ziehen. Ein einfaches, schönes, ergreifendes Lied, versehen mit einer Melodie, die auch der Dümmste noch mitpfeifen kann und die man auf ewig nicht wieder vergisst, ein Lied, das die Männer noch trösten wird, wenn sie schon längst auf Schiffen sitzen und mühsam versuchen, sich zu erinnern, wie sie dorthin gekommen sind.

Doch dann ist es zu spät, denn über das Wasser geht keiner zu Fuß, die erste Sohle löst sich vom Stiefel, noch bevor man ein Schiff nur von weitem sieht. Die eckige Schulter setzt Schimmel an, die goldenen Knöpfe beginnen zu rosten, schon in Holland schläft man nicht mehr in Betten. Mann auf Mann stopft man zwischen die Matten, man weiß dort genau, wie das Sparen geht. Der Soldat soll schon vor der Seereise lernen, was es heißt, etwas enger zu liegen.

Ich bin trotzdem nach Ludwigsburg gefahren und habe den traurigen Auszug bestaunt. Der Truppe voran ein Rattenfänger, die frisch geschneiderte Uniform lügt, sie wird nicht einmal bis Holland halten, es regnet nämlich schon jetzt in Strömen. Wie das Narrenkostüm beschaffen ist? Schon beim bloßen Anblick gerät man ins Schwitzen, eine Uniform wie zum Sterben gemacht, die wird in der afrikanischen Hitze die Männer auch kampflos zur Strecke bringen. Doch für den Moment denkt hier niemand ans Sterben, alle sind vollauf mit Schönsein beschäftigt und damit, im richtigen Takt zu bleiben. Nur die Frauen riechen den Braten sofort, stehn am Straßenrand, Gesichter wie doppelt gebleichte Tücher, und halten die Kinder fest an der Hand, die winken und wissen gar nicht, warum.

Und damit auch kein Auge trocken bleibt, beginnt man zu singen: Auf! Auf ihr Brüder und seid stark, der Abschiedstag ist da, schwer liegt er auf der Seele, schwer, wir sollen über Land und Meer ins heiße Afrika. Und setzt sich fort in endlosen Versen, Schubart hat keine Mühe gescheut, hat alles, was Beine hat, aufgeboten, Mütter und Väter und Liebchen und Freunde, die stehen um uns her, und knüpft so manches teure Band an unser deutsches Vaterland, drum fällt der Abschied schwer. Lebt wohl ihr Freunde, sehn wir uns vielleicht zum letzten Mal, so denkt, nicht für die kurze Zeit, Freundschaft ist für die Ewigkeit, und Gott ist überall.

Ein geselliger Gott, der tags fröhlich marschiert und nachts beim Wein die Karten traktiert. Hombre ist schließlich auch nur ein Spiel, und Schubart malt alles in schönsten Farben, Tafelberg, Hoffnungskap, Götterwein, Gedichte sind ja geräumig und groß, und wenn Soldat und Offizier gesund ans Ufer springt, dann jubeln wir, ihr Brüder, ha!, nun sind wir ja in Afrika, und alles dankt und singt. Wir leben drauf im fernen Land als Deutsche brav und gut, und sagen soll man weit und breit, die Deutschen sind doch brave Leut, sie haben Geist und Mut.

Mehr habe ich heute nicht zu berichten. Die Truppe hat sich in der Ferne verloren, die Frauen haben sich ausgeweint, jetzt bin ich nicht mehr die einzige Witwe. Kapf hat sich nicht einmal umgedreht, mein Zwilling ging vorn in der ersten Reihe, von oben bis unten stolz wie ein Hahn. An was er dachte, weiß ich nicht, nur dass er schon alles hinter sich hat, Schiller und mich und die zehn Geschwister, die irgendwo unter den Zuschauern stehen und den Himmel mit weißen Tüchern bewerfen, die nachher langsam zu Boden gehen. Niemand hat sich danach gebückt, die Blicke waren nach vorne gerichtet, und so blieben sie unter den Stiefeln liegen und wurden erst nass und später so schwarz wie Tinte, mit der man den Tod unterschreibt.

Nur Kronenbitter drehte sich um, der Fourierschütz des großen und flüchtigen Schiller, der, weil sein Herr ihn verlassen hat, bei neuen Herren ein Auskommen sucht und gehen muss, wenn kein anderer kann, man weiß ja, der Herzog nimmt alles. Ratlos bleibt er im Regen stehn, beklopft verlegen die Uniform, dann bückt er sich nach dem Kartenkönig, der zwischen die Tücher gefallen ist, wischt sich flüchtig die Augen und gibt mir ein Zeichen. Vielleicht will er winken und weiß nur nicht wie, dann gibt er sich einen verzweifelten Ruck, schiebt sich den König hinters Revers und legt entschlossen die Hand an die Stirn. Nur die Stirn ist so nass, dass die Finger ihm leicht nach unten verrutschen, so dass es aus der Ferne so scheint, als ziele er auf seine Schläfe.

Ich fahre morgen nach Stuttgart zurück. Ich werde die Fenster im Zimmer öffnen, dann werde ich neue Vorhänge nähen und mich nach gewaschenen Mietern umsehen. Der Geruch allerdings wird sich hartnäckig halten, diese Mischung aus Tinte und Pferd. Nachts werde ich durch mein Treppenhaus schleichen, knie mich hinter das Schlüsselloch und lege mein Ohr an die Tür, bis ich drinnen wieder die Stimmen vernehme, das Schreien von Kapf, Schillers kratzende Feder, Spiegelberg, Roller, Kosinsky und Schwarz und Kronenbitters freundliches Fluchen, bis er sich endlich langsam erhebt, schleppende Schritte quer durch das Zimmer, vom Ofen zum Bett, vom Bett zur Bank, von der Bank zum Fenster, vom Fenster zur Tür, alles langsam und ganz mit der Ruhe, bis er die Hand an die Klinke legt.

Ich rühre mich nicht, ich hocke und lausche, ich halte sogar den Atem an, denn ich hänge an dieser Szenerie, wie Rittmeister Kapf am Fenster steht und Schiller das dreizehnte Stück diktiert, wie Kronenbitter die Asche sortiert und am Boden Muster aus Scherben legt. Aber wenn ich entschlossen die Tür aufstoße, damit Kronenbitter ins Freie kommt, fällt alles wieder in sich zusammen. Was bleibt, ist ein Bühnenbild ohne Stück, eine Wirtin, die keine Gäste mehr hat, ein Geisterschiff nach der Geisterstunde, auf Glockenschlag alles in Kisten gelegt. Die einzige, die nicht schläft, das bin ich. Ich warte auf Post.

Die erste ehrliche Post seit Wochen, ein kleiner, verregneter schmutziger Brief. Die Buchstaben wetterwendisch und schief, ein Absender, der sich selber durchkreuzt, Schillers altes Mädchen für alles, das schreiben muss, wenn kein anderer kann. Ich rieche Kronenbitter von weitem, das Unglück riecht durch den Umschlag hindurch. Dazu ein leichter Geruch von Hunger, von Branntwein und von etwas Unbekanntem, das ich nicht näher bestimmen kann. Vermutlich riecht dieser Brief nach Meer, denn das Meer ist kein Schluck aus dem fünften Becher, nur Gott weiß, wo dieses Vlissingen liegt und ob es dort einen Bopserwald gibt, in dem man so lange Theater spielt, bis sich der Wind endlich dreht.

Von Wind keine Rede, liebe Frau Vischer, nur strömender Regen, keine Aussicht auf Fahrt. Wir schlafen in Zelten, ich gehe jetzt barfuß, zum Schreiben fehlt Licht. Das erste Paar Stiefel durchgefault, das zweite Paar unerschwinglich, der Herzog hat einen Vertrag unterschrieben, den er gar nicht gelesen hat. Ansonsten ist hier die Gastfreundschaft groß, an jeder Ecke verschwindet ein Mann, wer schnell desertiert, darf langsamer sterben, wer erwischt wird, kommt direkter ans Ziel.

Von dem, was man redet, versteh ich kein Wort, doch was ich verstehe, Kapf geht es gut. Hat gestern entschieden zwei Werber halbiert, die wollten ihm beibringen, wie man hier schwimmt. Vier sind doch viel schöner als zwei, liebe Frau Vischer, und Nichtschwimmer wissen sich immer zu helfen, solange ihr Säbel katholisch bleibt. Morgen soll ich ein Schiff besteigen, gebs Gott, dass wir diesmal aufs Meer hinauskommen, dreimal sind wir nämlich schon ausgefahren, und dreimal hat uns ein heftiger Sturm zurück in die alte Bucht geweht. Zehn Mann über Bord ohne Säbel und Segen. Aber ich bin noch da, denn Kapf hat mir frische Stiefel versprochen, damit ich mich nicht von der Truppe entferne. Ich weiß nicht, woher er das Geld nehmen will, aber wer heute verliert, kann morgen gewinnen. Für diesen Fall will ich die Karten loben und den Kartentisch so gründlich polieren, dass sich selbst der schmutzige Kapf darin spiegelt. Dann ist er mein Herr für immer und ewig, und wenn ihn einer ins Wasser wirft, werfe ich meine Ehre dazu, ich lasse den Mann nicht allein ertrinken.

Die Holländer sind freundliche deutliche Leute, geben nur aus an den, der auch zahlt, jedes Glas, jede Gabel kommt mit auf die Rechnung, jede Ware wird dreifach geprüft. Jeder Soldat wird examiniert, gestern standen wir endlose Schlange und ließen uns von den Ärzten beklopfen, die drückten und lauschten und schließlich befanden, das hält nicht mehr bis nach Afrika. Hier fehlt ein Zahn und dort eine Rippe, die Ferse nach unten schon weggebrochen, dem Schuh missfällt der verkaufte Fuß, wer barfuß geht, tritt gleich aus der Reihe. Der Betrug lässt sich nur mit Bestechung pflastern, erst als man den Ärzten das Fersengeld gab, haben sie das Papier unterschrieben und sich schnell und ohne Tadel entfernt. Jetzt ist die Truppe wieder gesund, gestempelt beglaubigt und reisefertig, jeder Hase und Krüppel darf mit.

Dafür hat mich Kapf in Stiefeln bezahlt, und ich bin in seine Dienste getreten, sortiere die Wäsche, poliere die Knöpfe, decke abends und morgens den Kartentisch neu, denn Kapf erträgt keine stillen Nächte. Die Dunkelheit wird ihm schnell protestantisch, dann verliert er seinen Gott aus den Augen und sehnt sich zurück nach Stuttgart und Schiller. Gelegentlich ruft er nachts Ihren Namen und wie Leid es ihm um die Vorhänge tut.

Aber ich weiß genau, wer seine Träume bewohnt, denn seit Tagen bin ich damit beschäftigt, Briefe an eine Dame zu liefern, die Kapf hier in Vlissingen aufgetan hat. Eine stattliche Engländerin, die hat, wie man hört, ihren Gatten vergiftet und sieht sich nach neuer Begleitung um. Ich glaube nicht, dass sie die Briefe liest, sie weiß, dass kaum Zeit bis zur Abreise bleibt und vergeudet sie weder mit Lesen noch Schreiben. Sie hat auch meine Stiefel bezahlt, obwohl Kapf und ich und die Lady wissen, dass die Engländer unsere Feinde sind. Doch sie würfeln sich Nacht für Nacht rund ums Kap, gewinnt die Dame, geht Kapf mit zu ihr, gewinnt er, sind neue Hosen fällig.

Mein Herr ist von Tag zu Tag besser gekleidet, in Vlissingen dreht man sich gern nach ihm um. Beim Mittagessen diktiert er mir Briefe, die soll ich an seine Familie schicken, damit sie weiß, wie gut es ihm geht. Der letzte Satz ist immer derselbe: Ich habe mehr Glück, als ich verdiene!

Die anderen haben weniger Glück, denn weil der Herzog kein Holländisch kann, hat man uns Schwarz auf Weiß betrogen, man zahlt uns nämlich in indischer Währung, zu deutsch, man zahlt uns so gut wie nichts, das Geld löst sich langsam nach Süden hin auf, je weiter man kommt, desto weniger taugt es. Nur ist das dem Herzog nicht aufgefallen, der misst die Erde mit Schreibpapier aus und weiß nicht, was jeder Holländer weiß, dass nicht jedes Geld auf der Welt auch Geld ist.

Aber vorgestern hat sich der Wind gedreht, und gestern hieß es, Männer aufs Schiff, und heute heißt es, wer mitfahren will, muss seine Schiffsmontur selber bezahlen. Barfuß erhebt sich das Regiment, wer auf Schiffe steigt, muss auch

Meutern lernen, wir sind auf die Barrikaden gegangen und keinen Schritt weiter ohne ehrlichen Sold. Woran Sie deutlich erkennen können, dass keiner hier etwas von Seefahrt versteht, nichts von Handel, von Geld und von gutem Betrug. Wir sitzen noch immer im Bopserwald und glauben, es ginge auf Urlaub, wenn Kapf sich vor die Mannschaften stellt, dreimal afrikanische Predigt hält und dabei frische Fässer rollen lässt, damit sich das Fußvolk langsam besänftigt. Denn nach dem Schluck aus dem zehnten Becher klappt man die Barrikaden zusammen und legt sich Mann auf Mann friedlich ins Bett.

Nur die Rädelsführer hat es erwischt, Spiegelberg, Roller, Kosinsky und Schwarz, die müssen morgen die Gasse laufen, fünfzig Streiche auf jedes Bein, dann reißt man ihnen die Kleider vom Leib, schneidet ihnen die Köpfe rund und wirft sie auf die Straße zurück, während Kapf, dessen Winde günstiger stehen, die kurze verbleibende Zeit vor der Ausfahrt in englischen Betten verbringt.

Was Schiller in der Zwischenzeit treibt? Kronenbitter, das wissen Sie doch! Dasselbe wie Kapf, *Kabale und Liebe*, der eine zu Wasser, der andere zu Land. Was die Geschichte genauer enthält? Einen Fürsten, der seine Soldaten verkauft, um die englische Lady mit Schmuck zu behängen, bis das Geld sich in jede Richtung auflöst wie das Gift in der Limonade des Fräuleins, die der Major ihr zu trinken gibt. Dann trinkt er selbst und legt sich dazu, der Tod ist nichts als ein Schluck aus dem Becher.

Als hätte das alles Kapf hingeschmiert und versucht, aus der Ferne den Dichter zu spielen, während Schiller die Wirklichkeit dreht und wendet, bis er auf seine Kosten kommt. Der klebt fest an der Heimat, aber Kapf fährt aus, in ein Land, wo es kein Theater mehr gibt. Neun Schiffe stehen zur Ausfahrt bereit, und alle neun tragen sehr große Namen, jedes so schön wie ein Drama von Schiller, außen glänzend, innen dunkel und stickig: *Die drei Gebrüder* und *Jungfrau Johanna*, *Fortuna* und *Gertrud Petronella*, *Susanna*, *Agathe* und *Gatemisse*, zum Schluss die *Rhynon* und *Joseph II*.

Natürlich will jeder auf die *Fortuna* oder wenigstens auf die *Jungfrau Johanna*, unter schönen Namen segelt man besser. Abends wird in den Zelten gewürfelt, je weniger Licht, desto leichter der Wurf, mehr als zehn Augen und der Platz gehört mir. Wer krank und halb tot ist, muss auf die *Susanna*, also besser an Gott, als an Namen glauben, schließlich weiß man erst hinterher, welches Schiff schwimmt und welches nicht. Kronenbitter dreht sich nicht um, als er mit Kapf die *Rhynon* besteigt, vermutlich ist er damit beschäftigt, das Gepäck seines Herrn unter Deck zu schaffen, den Kartenkönig, die Damen und Buben, lauter Hosen und Hemden aus englischem Tuch.

Von der Lady selbst ist nicht mehr die Rede, ihre Spur verliert sich mitten im Brief, auf den letzten Seiten wird sie schon wässrig, denn der Brief hat auf seiner langen Reise mit dem Rücken nach oben im Regen gelegen, bis Spiegelberg, Roller und Schwarz mit der Post in Stuttgart gelandet sind. Nur Kosinsky ist auf der Strecke geblieben, den haben sie unterwegs verloren, vielleicht auch an die Franzosen verkauft.

Nicht dass ich das weiß, ich vermute es nur, denn die

drei reden kein Wort, obwohl ihre Haare längst wieder wachsen, auch ihre Beine sind friedlich verheilt, nur stumm wie die Fische sind sie geworden. Ich habe sie trotzdem aufgenommen, erstens muss wieder Geld ins Haus, zweitens sind sie Geschöpfe von Schiller, die drittens das Lied von Schubart singen, auswendig zwölf Strophen bei Tag und Nacht, aufauf Ihr Brüder und seid stark, der Abschiedstag ist nah, schwer liegt er auf der Seele, schwer, wir sollen über Land und Meer, wir solln nach Afrika.

Ich ertrage ihren Gesang nur mit Not, der Ton hängt sehr schief, als hätte man ihre Gehirne gewaschen, genau wie die Köpfe ins Runde geschnitten, vielleicht sind sie auch nur etwas geschrumpft auf der langen Wanderung unter der Sonne. Und so habe ich einfach die Fenster geschlossen, dann habe ich mir die Ohren verstopft, danach den Kartentisch abgewischt und erklärt, dass ich weiß, wie man mischt und verliert.

Liebe Frau Vischer. Wir sind jetzt auf See. Wer noch lebt, möchte schlafen, wer schläft, möchte sterben, wer stirbt, will nach Haus. Hier wird weder mit Tinte noch Wein geschrieben, so schwankend stehen die Buchstaben da. Alles ist ernsthaft in Bewegung, ich versuche, die Hemden in Ordnung zu halten, bürste täglich das Salz aus den Hosen, den Rost von den Knöpfen, den Schimmel von den Schultern des Herrn, der schlägt und schreit und prügelt für zehn.

Nachts zerhaut er mir meinen Schlaf in Hälften, eine für Sie, die andere für eine englischen Lady, die er in Portsmouth verlassen hat und die er vermutlich nie wiedersieht.

Zehn Mal haben sie rund um das Kap gewürfelt, die Miss von Adel und Kapf, ihr Soldat, zehn Mal ist er dabei ins Knie gegangen und zehn Mal danach wieder aufgestanden, aber nur, weil ich immer hinter ihm stand, damit er sich an die *Rhynon* erinnert und daran, dass wir nach Afrika müssen.

Erst liegen wir wochenlang unterm Äquator, kein Wind und kein Wasser, der Durst ist entsetzlich, Kapf hat uns die Bäuche mit Wein aufgefüllt. Aber Wein ist kein Wasser, wir sind immer noch krank, niemand geht auf zwei Beinen. Bis es plötzlich zu regnen beginnt. Wir werfen uns rücklings an Deck und reißen die Münder auf, damit uns auch ja kein Tropfen entgeht, wir wissen längst, wie das Sparen geht.

Dann rast über Wochen ein schrecklicher Sturm, das Wasser strömt durch die Kanonenlöcher, niemand wagt mehr, den Mast zu besteigen, und so hat uns Kapf unter Deck eingesperrt, zu denen, die vor uns gestorben sind. Die Luke ist rund um die Uhr bewacht, niemand soll unter Vorwand von Frischluft ungestraft über Bord entkommen und wenn, dann nur mit Säbel und Segen, das heißt, mit einer Kugel im Kopf, denn auch Kapf hat nur einen Gott dabei, der genau wie wir ein Nichtschwimmer ist und vorm Sterben nicht zum Luftholen kam.

Das Heulen und Schreien ist unerträglich. Wer nicht heult und schreit, der betet und flucht, während draußen die Offiziere stehen, die Rettungsboote fest im Blick, damit sie, bevor der Mast sich neigt, rechtzeitig höflich den Abschied nehmen. Nicht dass ich das weiß, ich vermute es nur, weil ich von unten her wenig sehe, nur das Laufen und Klopfen der Stiefel vernehme, das Schlagen des Sturms und das Werfen der Karten. Ich weiß genau, dass sie Hombre spielen und alle Champagnerflaschen öffnen, die man für sie an Bord gebracht hat, denn sobald sie glauben, verloren zu sein, wollen sie nichts unverbraucht hinterlassen.

Und wie man mich links und rechts bedrängt, einen letzten Brief in die Heimat zu schreiben. Sie glauben, man schreibt im Sturm keine Briefe, die Seefahrt ist nichts als ein Selbstgespräch, man könnte Papiere und Stift nicht halten? Liebe Frau Vischer. Das ist nichts als ein Irrtum, Sie sind schon an Land eine Witwe geworden, aber ich bin ein Schiffszimmermädchen und weiß, dass man das Hoffen nicht aufgeben darf. Und so schreibe ich diesen und andere Briefe, blind auf gut Glück. Und um uns die Zeit unter Deck zu verkürzen, habe ich auch Testamente verfasst, von denen kein einziges Gültigkeit hat, denn außer Wunsch und Erinnerung hat niemand von uns etwas zu vererben.

Liebe Frau Vischer. Der Mast hat bestanden, die Rettungsboote sind immer noch da, nur der Champagner ist weggetrunken, und Kapf tut, als wäre gar nichts geschehen, er trägt den Kopf wieder aufrecht im Kragen, selbst der lachhafte Zopf hat den Sturm überlebt. Ich sitze an Deck, lege Muster aus Scherben und werfe die Testamente ins Meer, damit sie rechtzeitig die Heimat erreichen.

Von weitem sah man den Tafelberg schon oder das, was wir für den Tafelberg hielten, vor Glück wollten wir uns ins Wasser stürzen, so nah schien das Land. Wer noch lebte, fing sofort an zu singen, jeder Zweite trägt hier das Heftchen von Schubart wie ein faules Gebetbuch unter dem Hemd, und ha, wenn sich der Tafelberg aus blauen Düften hebt, so strecken wir empor die Hand und jauchzen, Land! Ihr Brüder, Land!, dass unser Schiff erbebt. Nur dass uns das Singen wenig nützt, weil der Wind uns nicht in die Bucht lassen will, und so haben wir den Berg zwar gesehen, ihn danach aber aus den Augen verloren. Für Wochen war überhaupt nichts in Sicht, sodass man allmählich anfing zu glauben, der Berg ist nur eine Fata Morgana. Der Hunger dagegen ist immer echt, wir mussten das Brot auf die Goldwaage legen, selbst Kapf aß nur Reis mit Pfeffer und Öl, und wenn sich endlich nach Wochen und Wochen der Wind nicht doch noch entschieden hätte, wir wären verhungert.

Von zweihundert Mann sind zehn gesund, der Rest ist krank, die Hälfte ist tot, die einen sind an Vertrocknung gestorben, die andern vor Schreck, wie das bei Skorbut so üblich ist. Wir haben sie zu den Fischen gebettet, die haben jetzt festliche Tage, und wenn Soldat und Offizier gesund ans Ufer springt, dann jubeln wir, ihr Brüder, ha!, nun sind wir ja in Afrika, und alles tanzt und springt. Weil wir glauben, wir wären im Paradies, weil für den, der den Weg übers Meer nehmen muss und für Monate nichts als Wasser sieht, alles ein Paradies werden muss, was sich den Anschein von Festland gibt. Doch es gibt gar kein Festland, nur Berge und Meer und manchmal heftigen fremden Wind, der selbst Offiziere von Pferden bläst. Natur ist nur etwas für Menschen mit Zeit, für Dichter und Denker. Also grüßen Sie, falls Sie ihn einmal sehen, den Regimentsdichter Schiller von mir, der weiß, wie man Landschaften schönreden kann. Sitzt er im Schatten, oder kniet er im Licht?

Das Datum lässt sich nicht mehr entziffern, ein kleiner verregneter schmutziger Brief, der irgendwann über das Wasser kam. Seit Wochen trage ich ihn in der Schürze, gleich neben den größeren Briefen von Schiller, von denen ich überhaupt nichts verstehe, weil sie nicht an mich gerichtet sind, sondern an einen Prinzen, dem Schiller für Geld die Gedanken ordnet und Ordnung in staatliche Gärten bringt, in den finsteren Schauplatz der physischen Schöpfung, den Konflikt blinder Kräfte, den Charakter der Zeit, in den ewigen Widerspruch des Betragens. Vollstrecken muss es der mutige Wille und das lebendige Gefühl, was Schiller nur redet, führen andere aus. Denn es ist etwas Großes im Anzug, Revolution in der Nachbarschaft, zusammen mit Kronenbitters Brief ist auch Post von Kosinsky ins Haus gekommen, den es nach Frankreich verschlagen hat, wo man Räuber nicht auf die Bühne bringt, sondern wo wirkliche Köpfe rollen.

Mein lieber Spiegelberg, Roller und Schwarz, von Picknick im Bopserwald keine Rede, die Drillingskörbe sind viel zu klein und können die Menge der Köpfe nicht fassen. Ein Korb nach dem nächsten geht über die Bühne, aus jedem fließt Blut und hört auch am Abend nicht auf zu fließen, auch Schwimmer kommen nicht lebend davon, und niemand klappt Barrikaden zusammen. Denn es gibt keinen Abend und auch keinen Morgen, die Sonne in Frankreich geht niemals unter, überall Feuer und fliehende Kutschen. Wer laufen kann, läuft, wer stehen bleibt, stirbt, wer stirbt, stirbt ohne Säbel und Segen, gelegentlich überlebt ein Zopf.

Zopf in den Korb, denn dort steht geschrieben, wie groß

und günstig das Angebot ist. Von oben bis unten ein neues Leben, weg mit den Knöpfen und eckigen Schultern, die Sonne nachher wieder wie neu. Ein Stück, von dem Schiller nur träumt, weder mit Wein noch mit Tinte geschrieben, nicht *Wallenstein,* keine *Junfrau Johanna*, ein ewiger Dreißigjähriger Krieg, und also wirble du, Tambour, den Generalmarsch drein, der Abschied macht uns sonst zu weich, wir weinen kleinen Kindern gleich, es muss geschieden sein.

Aber die Zimmerwirtin bin ich, ich reise mit wem und wohin ich will, ich messe den Krieg nicht mit Schreibpapier aus. Ich knie nieder, sortiere die Asche und lege bekannte Muster aus Scherben, die ganze zerbrechliche Geographie, damit mir die Landschaft begreiflich wird. Dann gehe ich hinauf in mein Zimmer und träume weiter von Afrika.

Liebe Frau Vischer. Wir sind jetzt an Land. Und wir sind jetzt zu dritt. Seit gestern ist eine Frau im Spiel, die hat sich Kapf auf dem Markt ersteigert, billig und vierzehn, stumm und sehr schön. Heidenmissionar möchte er werden, heiraten will er dagegen nicht. Denn Heiraten ist hier allgemein teuer, die Damen fordern und bringen nichts ein. Das Mädchen dagegen schlägt kaum zu Buch, sie kostet in etwa dasselbe wie ich, Kost und Logis, je nachdem wie protestantisch die Nächte hier sind und wie sehr er seine Heimat vermisst. Denn man liest hier keine katholischen Messen, hier wird durch und durch holländisch exerziert, jeden Befehl muss man übersetzen. Das langsamste Regiment der Welt, noch bevor man die Hand an die Mütze legt, ist der Krieg schon verloren.

Kapf redet noch immer von Heldentaten, nur gibt man ihm nicht die Gelegenheit. Wache schieben und Schiffe versenken, hier und da eine kleine Parade. Der Rest ist gähnende Langeweile. Kapf prügelt die Zeit, die Mannschaft hungert, ich führe den Haushalt. Ein herrliches Haus aus Seide und Atlas, Sie würden die Vorhänge lieben. Den Morgenkaffee trinkt Kapf um fünf, dazu Braten und Huhn. Um acht Pasteten mit Schinken und Soße, ich trinke, was in den Gläsern bleibt, in den Gläsern bleibt nichts. Um neun auf Parade, ich halte das Pferd und poliere die Zügel. Denn ein Pferd ist besser als jede Frau, Kronenbitter, das sehen Sie doch, schreit Kapf, der gekrönte König der Schulden. Der weiß genau, wie man spekuliert, hat alle Schulden in Schiffe gesteckt, die nachher verlässlich im Meer versinken, und ich sage, Kapf, das kommt mit auf die Rechnung.

Die Pferde sind allerdings sehr schön. Das eine heißt Tilly, das andere Tell, die reiten bis zwölf eine runde Visite und kehren am Mittag besoffen zurück. Direkt an den Tisch, zwölf warme Speisen, danach ist es drinnen wie draußen so heiß, dass niemand mehr an Bewegung denkt, von Krieg ganz zu schweigen. Ich mache die Fensterläden zu, bis fünf kein Laut, mein Herr wird wohl beten. Nach fünf kommt Besuch auf Hombre und Wein, um acht wieder acht warme Schüsseln. Man isst und spielt und trinkt immer zuhause, niemand wagt sich hier nachts vor die Tür. Weit und breit kein einziges Wirtshaus, wer ausgeht, geht mit gespannter Pistole und schießt damit umstandslos jeden tot, der draußen keine Laterne trägt.

Niemand trägt hier draußen Laternen, Kapf ficht sich unter der Dunkelheit weg, der hat richtigen Sinn für den ganz großen Auftritt. Ein Liebhabertheater hat er gegründet, wo er abends die Bühne zum Schlachtfeld macht und die Vorhänge lässig in Stücke teilt, bevor die letzte Szene beginnt. Ein kleiner Junge betritt die Bühne, in der Hand die Laterne, auf dem Kopf einen Apfel, der Schatten auf die Kulisse wirft. Sie glauben, es gibt hier gar keine Äpfel? Liebe Frau Vischer. Da täuschen sie sich, alles gerät plötzlich in Bewegung, Hasen und Krüppel und lahme Hunde, das ganze traurige Kapregiment. Jede Nacht wird gezielt und geschossen, während unten im düsteren Zuschauerraum die Damen leise zu seufzen beginnen und die Herren flüsternd Wetten abschließen, sie wissen genau, wie man sticht und verliert. Der eine setzt auf den rollenden Apfel, der andere auf das stürzende Kind. Hundert Mal ist der Apfel gerollt, und so oft ist der Junge ins Knie gegangen, bis man ihn hinter die Bühne trägt und anstandslos durch einen neuen ersetzt. Die Gäste geben fröhlich Applaus, dann gehen alle singend nach Hause, als Deutsche brav und gut, und sagen soll man weit und breit, die Deutschen sind doch brave Leut, die haben Geist und Mut.

Wenn Kapf nach Hause kommt, pfeift er mich wach, legt den Kopf auf den Tisch, gleich neben den Apfel, und diktiert mir Briefe, die Nacht für Nacht immer länger werden und in denen immer dasselbe steht, Verse von Schubart und Grüße an Schiller, wie Leid es ihm um die Vorhänge tut, dass er den Glauben nach Übersee bringt und wie erfolgreich er seine Geschäfte betreibt. Nicht lange, schreibt er, dann schicke ich Geld, richtiges Geld, das sich nie wieder auflöst, und jedes Versprechen schließt mit dem Satz: Ich habe mehr Glück, als ich verdiene.

Doch der Lärm nebenan ist so laut geworden, dass aus Übersee nichts mehr nach Hause dringt, kein Geld, kein Glück, keine Zeile von Kapf. In Frankreich krönt man längst wieder Kaiser, auf den Meeren herrscht Krieg, es wird eng in den Wellen, und sobald man feindliche Schiffe sieht, werden die Briefe ins Meer geworfen. Nur Totenscheine erreichen ihr Ziel, weil der Herzog für jeden toten Soldaten alles kassiert, was übrig ist. Totensold, Knöpfe und Schulterklappen, für Frauen und Kinder bleibt nichts.

Das Geld löst sich auf in jede Richtung wie die ganze Geschichte des Kapregiments, kein Pfennig erreicht deine zehn Geschwister, nicht einmal dein Winken, dein Taschentuch. Weißt du denn überhaupt, wer du bist? Der Sohn deines Vaters oder der deiner Mutter, die neulich im Bopserwald verschwand und froh ist, dass du in Afrika hockst, wo du langsam gelb wirst unter der Sonne und wartest, bis endlich die Engländer kommen, damit ihr wieder ums Kap würfeln könnt.

Man redet hier viel und weiß ziemlich wenig. Die einen sagen, die Männer sind tot, die anderen sagen, nur fahnenflüchtig, womöglich einfach nur übergelaufen, man kann den Freund nicht vom Feind unterscheiden, zu viel Freiheit, Gleichheit und Brüderlichkeit. Die dritten sagen, man hat sie verschifft, nach Indien oder noch weiter nach Osten, womöglich sogar nach Batavia, Kirchhof der Deutschen in Übersee, wo es alles gibt, nur keine Gesundheit, von dort, wie man weiß, kehrt keiner zurück. Ein paar andere, hört man, kamen bis China, als Leibwächter eines indischen Rats, und haben dort vor dem Sohn des Himmels das Lied von Schubart zum Vortrag gebracht, aufauf Ihr Brüder und seid stark! Dem Kaiser, hört man, hat es gefallen, was aus den Männern wurde, ist nicht bekannt, womöglich singen sie immer noch. Und andere sind noch viel weiter gegangen, Kopf in den Becher und stur geradeaus, die Heimat ist überall gleich um die Ecke, nur noch zwei Schritte, dann bist du zuhause.

Doch es gibt keine Heimat und auch keine Karten, die Hitze löscht alles aus in den Köpfen, Geographie und Erinnerung. Und so sind sie wohl Sammler und Jäger geworden, die Krokodile und Tiger erlegen, bis sie die Mücke zur Strecke bringt. Wen die Mücke verschont, der ersticht sich selbst oder taumelt betrunken nachts durch die Straßen, bis er faselnd in einen Graben fällt. Steht einer von ihnen doch wieder auf, wird er ganz langsam vom Heimweh zerfressen, erst die Uniform, dann das Herz, dann der Kopf, vermutlich der mühsamste Tod von allen.

Nachts schleiche ich mich die Treppe hinunter, im Flur der alte vertraute Geruch, ich lege mein Ohr an die Tür und lausche. Auf das Klappern der Würfel, das Schlagen der Karten, schleppende Schritte vom Sessel zum Tisch, vom Tisch zum Fenster, vom Fenster zur Tür, Kronenbitter ist wieder zuhause! Und wenn ich mich hinter das Schlüsselloch knie, erkenne ich auch den lachhaften Zopf, das kindische Kinn, die vertraute Mischung aus Tinte und Pferd. In der Mitte des Tisches den Kindskopf von Kapf, von dem niemand weiß, wo sein Körper steckt und wie er den Schuldschein begleichen will. Sein katholischer Gott weiß es aber schon jetzt, der weiß mehr als die Rädelsführer zusammen, die mit Karten und Würfeln Wetten abschließen, zehn Augen, und der Kopf gehört mir.

Roller setzt auf den Tod durch die Mücke, Spiegelberg auf den Tod durch Verschwinden, noch bevor Kapf den Friedhof der Deutschen erreicht. Schwarz bringt die Limonade ins Spiel, das alte Rezept einer englischen Lady, das Gift eines Mädchens aus Afrika, vierzehn und billig, schön und sehr stumm, weshalb sie die Lust am Beten verlor und stattdessen ihrem Herrn dabei half, sich ein für allemal wegzutrinken, dorthin, wo sich keiner bekehren lässt.

Was die Geschichte wirklich enthält? Alles würde ich Ihnen verraten, für den Fall, ich könnte die Handschrift entziffern, doch hier wird mit Wein, nicht mit Tinte geschrieben, und wenn ich entschlossen die Tür aufstoße, damit wir endlich an Frischluft kommen, fällt wieder alles in sich zusammen. Kartenspieler nach Mitternacht, sterbende zappelnde Fische an Land, die immer noch auf eine Welle warten, die ihnen beibringt, wie man hier schwimmt.

Aber liebe Frau Vischer. Das wissen sie doch. Untermieter können nicht schwimmen. Weder Schiller noch Kapf noch Kronenbitter, der genau weiß, wie schlecht die Uniform trägt und wie leicht man das Wasser mit Festland verwechselt, wenn die Dunkelheit protestantisch wird. Weshalb er fast gar nicht nachhelfen musste, um Kapf zu zeigen, wie man entwischt. Am Ende legt jeder Hand an sich selbst, wie das zuhause so üblich ist. Hoch zu Ross und im Reden voran, bis der Mund sich langsam mit Wasser füllt, sechs heilige Vornamen und ein Degen im Mantel, mit dem Kapf die Wellen in Stücke schlägt, vier, schreit er, sind doch viel schöner als zwei, bis sein Kopf endlich zwischen den Wellen verschwindet.

Am Ufer steht immer noch Kronenbitter, neben sich seine Nichtschwimmerehre, hinter sich Kapfs verkaufte Braut, die keinen Moment daran denkt zu beten. Verlegen beklopft er die Uniform, dann bückt er sich nach dem Kartenkönig, der zwischen die Planken gefallen ist und wischt sich über die Augen. Vielleicht will er winken und weiß nur nicht wie, dann gibt er sich einen entschlossenen Ruck, schiebt sich den König hinters Revers und legt sich die flache Hand an die Stirn, damit auch Schiller endlich begreift, dass seinem Zwilling nicht mehr zu helfen ist.

Eis und Schnee

Franz Wilhelm Junghuhn
(1809–1864)

Diesmal komme ich mit! Ich habs versprochen und halte mich dran. Aber als ich die Koffer anhob, fand ich sie schwer, alles gefüllt mit Arbeit und Flucht, wir werden nicht weit damit kommen. Junghuhn schweigt, und ich spreche weiter, denn die Stille zwischen Menschen ertrage ich nicht, weshalb ich immer zurückbleiben muss zwischen Eifer und Einwand.

Wie Junghuhn verstehe ich nichts von den Menschen. Ich habe die letzten Jahre im fünften Stock einer Großstadt verbracht, während Junghuhn sich in den Tropen herumtreibt, Vulkane besteigt und Pflanzen sammelt, ganze Koffer voller Pflanzen, um sie später entschlossen in Bücher zu binden. Ganze Bände hat er gestopft mit dem Sprechen über Pflanzen und Steine, mit der unermüdlichen Taufe dessen, was vorher namenlos war. Als wäre er Gott und nur mit Erschaffen und Benennen beschäftigt. Nur von Menschen kein Wort, auch am siebten Tag keine Spur. Junghuhn kennt keine Sonntage, und wenn er einmal, alle zehn Jahre, als Gast auf meinem Balkon erscheint, kommt mit brennendem Eifer nichts anderes zur Sprache als die Überflüssigkeit der Menschen in der Natur. Wer als Erster den Blick in den Krater wagt, muss auf kunstlose Art verstummen.

Aber ich beginne mich zu verzetteln. Denn in Wahrheit

kommt es auf Tatkraft an, nicht auf Rekonstruktion, weil sich bei näherem Hinsehen als sinnlos erweist, aus Papierfetzen, flüchtigen Hinweisen und unscharfen Fotografien einen Charakter zu rekonstruieren. Charaktere existieren nicht. Sie sind, wie im Schlepptau die Biographien, immer erfunden. Dieser Glaube, ein Mensch träte uns plötzlich als Ganzes entgegen. Als wäre es wirklich interessant, wer oder was jemand ist. Nur im Verhältnis der Menschen zueinander lässt sich Kontur erkennen, die Ahnung eines Zusammenhangs. Wie sich jemand bewegt, wie er sein Bein nach links oder rechts wirft, überraschend den Absatz verliert, sich plötzlich fahrig zur Flucht fertig macht, dabei mit den Armen rudert und schüchtern die Hand nach uns ausstreckt. Verschrobenes Winken der Seefahrer, Soldaten, Bergsteiger und Forscher, halb Begrüßung, halb Abschied. Eine Hälfte im Wasser, die andere an Land, eine dritte, wenn es sie geben könnte, am Rand eines Kraters. Weshalb ich, was Junghuhn betrifft, nichts als eine flüchtige Bekanntschaft bin, eine Nebensache des Lebens, zwei Augen auf einem Nebengleis durch den Tunnel eines mir fremden Schädels.

Aber ich beginne mich zu verzetteln. Ich habe versprochen, von vorn zu beginnen, indem ich erzähle, wie Junghuhn auf meinem Balkon erscheint. Bärtig und flüchtig, wie immer schlecht zugeknöpft, halb schön und halb stattlich und von der nachlässigen Abendsonne so günstig beleuchtet, dass kaum auffällt, dass er ein Deutscher ist. Aber die Ordnung von Fakten bringt die Menschheit wenig voran in ihrem sturen Verhältnis zur Welt. Ich persönlich glaube an Gott, während Junghuhn die Pflanzen vorzieht. Er hat mich wegen dieses Unterschieds nie lächerlich gemacht. Nicht aus Großzügigkeit, sondern aus Gleichgültigkeit, er ist weder an Überzeugungen noch an Meinungen interessiert, sondern an Ergebnissen, an der Sammlung dessen, was aus der unablässigen Bewegung des menschlichen Körpers bergauf und bergab resultiert.

Die Koffer sind deshalb auch schwer wie Blei. Aber Koffer sind Frauensache, und Junghuhn hält nichts von Frauensachen. Genauso wenig von Trägern, die in der Sommerhitze von Java seine Ausrüstung die Berge hinaufschleppen müssen, um sie schließlich erschöpft am Rand eines Kraters abzusetzen, der unberechenbar Feuer und Steine spuckt. Schwer zu sagen, was sie mehr entsetzt, der glühende Berg, die fliegenden Steine oder die haltlose Tatkraft, die ihre Angst auf unheimliche Weise verdoppelt. Weshalb sie unterwegs wieder und wieder versuchen, ihm zu entwischen, auf halber Strecke im Gras liegen bleiben, rücklings die einen, bäuchlings die anderen, die Gesichter in die Schatten der Koffer geschmiegt und Blätter zu kleinen Zigarren gerollt, in der Hoffnung auf Wind und den siebten Tag, der in ihrer Zeitrechnung nicht vorkommt.

Sie im Schatten, ich auf meinem Balkon, zwischen uns nichts als das Meer und sein Ehrgeiz, wird keiner von uns ihn begreifen, seinen übermächtigen Wunsch nach Flucht und Erkenntnis. Ich bin klimaunkundig, weiß nichts von Tropensonne, nichts von Helmen, Kisten und Trägern, nichts von Steinen und Pflanzen. Ich lege keine Kataloge an, aber ich habe alle Zettel gesammelt, die meine Besucher in den letzten Jahren auf meinem Küchentisch liegen gelassen haben und auf denen deutlich zu lesen steht, was ich aufschreiben müsste. Gesetzt den Fall, ich wäre dem Mann gewachsen.

Franz Wilhelm Junghuhn, geboren in Mansfeld, damals Preußen, heute im Ostharz. Der Vater Barbier. Ein Bergchirurgius zweiter Klasse, mehr Handwerk als Stand, nicht wirklich ein Arzt, weshalb der Sohn ein richtiger Arzt werden soll. Der Sohn soll werden, was der Vater nicht ist. Denn Vater und Sohn sind dieselbe Figur, zwei Seiten ein und derselben Medaille, einer der andere, der andere der eine, dasselbe Gesicht und dieselbe Verachtung, derselbe Zorn und dieselbe Strenge, dieselbe Sehnsucht und Leidenschaft. Nur ist ihr Ehrgeiz verschieden gerichtet. Der des Vaters auf Menschen und preußischen Ruhm, der des Sohns auf Ferne und Abenteuer, der des Vaters auf häuslichen Gottesdienst, der des Sohns auf den Dienst in der freien Natur und darauf, den Vater zur Strecke zu bringen, um endlich allein zu sein auf der Welt.

Also geht Junghuhn auf Reisen. Doch in jeder Falte des Reisemantels steckt der Vater samt Drohung, Gesicht und Befehl. Er ist zäh und beharrlich, läuft immer mit zwischen Sohle und Schuh. Nachts liegt er unter derselben Decke, spielt Botschaft und Traum und flüstert leise, mein Sohn, ein Flüchtling, mein Sohn, ein Versager. Tags macht sich der Vater im Rucksack so breit, dass das Vorankommen noch mühsamer wird. Denn wer trägt rückwärts den Vater über die Berge und kommt selber ungeschoren davon? Und wer entschlossen das Kindheitsspiel in den Krater wirft, hat mit dem Wurf auch den Joker verloren, während draußen auf

Java ein heftiger Krieg tobt zwischen denen, die haben, und dem, der sich nimmt.

Junghuhn führt seinen eigenen Krieg. Zwischen hier und zuhause bewirft er die Träger mit Steinen und Wörtern und versucht zu vertuschen, dass er nichts als die alte Rechnung begleicht. Wie sein Vater ihn, so nennt er sie träge, seine lästigen Träger. Störrisch und faul, schläfrig und dumm, unbelehrbar und stur, ohne Begeisterung, Sinn und Verstand, unbeugsam flüchtig und ohne Verständnis für seinen einzigen Gott, die Natur. Er zückt die bekannte Peitsche von früher, diese biegsame Zunge aus Wörtern und Kränkung, die schnalzende, sausende Pflicht. Erinnerung an Aufgaben, die niemand erfüllt, an Ansprüche, die uns erdrücken und immer nur an das eine erinnern, an die schwüle Hitze der preußischen Tropen, deren Klima so ungesund ist, dass man draußen friert und drinnen stark schwitzt. Die bekannte innere Hitze der Heimat, die häusliche Enge, die Körper und Menschen schrumpfen lässt und weder Nachsicht noch Schatten kennt.

Womit ich womöglich übertreibe, weil ich Junghuhn aus dieser großen Entfernung natürlich nicht wirklich erkennen kann. Denn ich habe nichts als ein Fernrohr bei mir, vielleicht nur ein Opernglas, mit dem ich das Drama von weitem studiere. Zaungast und Zuschauer auf dem Balkon, Zuträger auf halber Strecke im Gras, den Kopf wie ein Sommerstudent im Nacken, den Nacken auf einer Mansfelder Kiste und, zwischen den Lippen ins Runde gedreht, Blätter, aus denen der Rauch nach himmelwärts geht.

Nur die Koffer sind schwer, wir werden nicht weit damit kommen. Aber er dreht sich nicht um, sondern starrt auf die Straße und sagt, steh auf, nimm den Koffer und geh! Also stehe ich auf, nehme den Koffer und gehe. Als ich zum ersten Mal meinen Balkon von unten sehe und über mir Junghuhn, wie ein Denkmal beleuchtet, der in eine mir unklare Richtung zeigt, vermutlich nach Übersee, begreife ich, dass ich jetzt unterwegs bin. Und wie einfach das Abschiednehmen ist, für den, der etwas zu tragen hat! Das Gewicht seines Koffers verhindert mein Winken, eine Hälfte an Land, die andere im Wasser, die dritte demnächst am Rand eines Kraters. Ich trage seinen Koffer voll Stolz, erst in der rechten Hand, dann in der linken.

Nur wie ich damit nach Mansfeld komme, weiß ich noch nicht. Ich weiß nur, dass ich ihn abstellen werde, sobald ich den Ortseingang passiere, denn der Koffer ist nur eine Eintrittskarte, ich weiß nicht, was er wirklich enthält. Akten, Werkzeuge, Pflanzen, Fotografien oder Karten. Historische Karten, wie ich vermute, denn Junghuhn ist ein Mann aller Fächer. Aber das ist mir egal, auch in Mansfeld herrscht kein Mangel an Trägern, es wimmelt auch dort, wie überall, von arbeitslosen Archivaren, Buchhaltern und Kompilatoren. Vielleicht gibt es sogar einen Studienrat, der mir weismacht, er hätte Junghuhn gekannt, und wenn nicht persönlich, so doch einen Neffen oder wenigstens einen Großcousin, der auch nicht weiß, was ich selber nicht weiß, mich stattdessen freundlich am Ärmel zieht, um mir die kleine Tafel zu zeigen.

Zwei Schritte nach vorn in die *Junghuhngasse*, und die Tafel ist da. Nur das Haus ist verschwunden, unbesorgt lautlos zusammengefallen. Geblieben auf einem kleinen Sockel ist die hauslose, lachhafte Tafel. Zitat ohne Werk, vergeblich bemüht, Interesse zu wecken. Sein Ruf in der Stadt taugt nur für Klatsch, nicht für die Legende, denn gegen den größeren Sohn dieser Stadt kommt Junghuhn nicht an. In Mansfeld ist Luther zur Schule gegangen, dessen Haus steht so fest wie seit je. Und vollkommen unversehrt lesbar die Worte: HINAUS IN DIE WELT, HINAUS IN DEN KAMPF, HINDURCH ZUM SIEG!

Als wäre dieser Luther gereist, als wäre er durch die Welt gekommen, als hätte er jemals Vulkane bestiegen und wie Junghuhn seinen Gott in der Asche gesucht. Thesenschläger und Prügelknabe, Peitsche aus Kränkung und Rechthaberei, die der Vater jetzt gegen den Sohn schwingen muss, weil der Sohn noch immer nicht Arzt werden will und nicht an den Gott von Mansfeld glaubt, sondern an den Gott auf dem Boden des Kraters. Und anstatt dem Vater die Kugel zu geben, will Junghuhn sich selber das Leben nehmen. Doch ich kenne ihn gut und weiß genau, wie unbegabt er für Selbstmord ist. Unfähig, sich selber zu Leibe zu rücken, bleibt seine Tat noch im Anlauf stecken. Er ist viel zu kräftig für diese Art Tod.

Er spricht nicht und hat mir niemals erzählt, was ihn mehr erschreckt nach der misslungenen Tat, als er unvermutet ins Leben zurückmuss und in das Gesicht seines Vaters blickt. Der eigene Schmerz oder das Lachen des Vaters, der neben dem Bett in die Hände klatscht und fröhlich ruft, mein Sohn, ein Versager. Denn wer nicht Hand an sich selbst legen kann, aus dem wird niemals ein Arzt!

Den Rest reime ich mir selbst zusammen, weil Junghuhn mir niemals erzählen wird, was in Halle und was in Berlin geschah, wo er sich durch sein Studium stiehlt und längst begonnen hat, Pflanzen zu sammeln. Er pfeift auf die Anatomie der Menschen, so wie er auf seinen Körper pfeift und auf den Körper der Frauen. Sein Herz lässt Freundschaft nicht zu, es ist schon an die Botanik vergeben. Und wenn ich ihm näher kommen möchte, dann nur, indem ich ein Schiff besteige und später die Berge und mich bäuchlings ganz nah an den Kraterrand schiebe, um endlich zu sehen, was ist.

Aber ich habe Angst vor der Reise. Ich fürchte mich vor seiner Kraft, seinem Eifer, seinem Zorn und der Unerbittlichkeit, mit der er sich ins Verhältnis setzt zu allem und jedem, zu Gott und der Welt, zu Menschen und Tigern, gelegentlich auch zu einem Freund oder dem, was er unter Freundschaft versteht. Die Szenerie ist bekannt. Letzte Runde in einer Wirtschaft, an deren Namen sich niemand erinnert. Es wimmelt von Wirtschaften in Berlin, *Zum klingenden Säbel, Zum goldenen Schuss,* vielleicht war es auch *Der zerbrochene Löffel.* Sicher ist nur der Name des Mannes, der neben Junghuhn am Kneipentisch sitzt, Schwoerer aus Basel. Ich habe mir diesen Namen gemerkt, weil die Namen der Menschen das Einzige sind, was sie mir wirklich vorstellbar macht.

Und während ich hinter der Theke stehe, lautlos und aufmerksam Gläser poliere und die Männer streitsüchtig Biere verzehren, weiß ich genau, was passiert. Ein Bier gibt das nächste, ein Wort das andere, die bekannte Peitsche aus Streitlust und Kränkung. Thesenschläger und Prügelknaben, gleich wird sich einer schwankend erheben, den Bierkrug gegen die Tischkante schlagen und mühsam nach einer Verwünschung suchen, mit der er den Gegner beleidigen kann. Ich kenne ihr Repertoire genau, immer beginnt es scheinbar ganz harmlos, das meiste taugt kaum zur Beleidigung. Aber Junghuhn ist reizbar im Verkehr mit den Menschen, ihm genügt auf Anhieb der *dumme Junge,* den Schwoerer ihm vor die Füße wirft. Blitzartig ist er aufgesprungen, in der Hand den Krug, hochrot im Gesicht, und schleudert *infamer Hundsfott* zurück.

Das reicht, es wird still. Still wie die Stille vor dem Gewitter, still wie die Männer an den anderen Tischen, die still wie ein Mann sich jetzt langsam erheben, während ich mich hinter die Theke ducke, als wäre ich gar nicht dabei gewesen. Ich will nicht den Sekundanten geben für Geschichten, die nicht meine sind, die nach Ehrenhandel und Handschuh riechen, nach Morgengrauen und Nebelschwaden, nach kleinlichen Lichtungsabenteuern, für die, die sich nicht in die Ferne wagen und an innerer Hitze ersticken müssen, die sich gern im Duell etwas Kühlung verschafft. Und obwohl ich hinter der Theke hocke und ihre Gesichter nicht sehen kann, kenne ich ihren Ausdruck genau, diese preußische Mischung aus Angst und Gier.

Noch immer hocke ich hinter der Theke. Ich kenne das Spiel, ich weiß, was noch kommt, allem voran die Wahl ihrer Waffen. Schwoerer will sich mit Krummsäbeln schlagen, Junghuhn dagegen versteht nichts von Säbeln, und so stimmt man sich auf Pistolen ab. Ich war nicht dabei, doch ich weiß ganz genau, was für erbärmliche Schützen sie sind, noch bevor sie sich auf der Lichtung treffen. Vielleicht schossen sie sich auch ohne mein Zutun, in derselben Nacht, gleich um die Ecke neben der Tür, und die Männer sahen von drinnen zu. Sekundanten, feige im Hinterhalt, die Gesichter eng an die Scheiben geschmiegt und Blätter zu kleinen Zigarren gerollt, als Junghuhn die Luft trifft und Schwoerer sein Bein, wie der geschlagene Junghuhn zu Boden geht und Schwoerer, von seinem Treffer ernüchtert, entsetzt im Galopp die Flucht ergreift, bis er in Angstschweiß die Haustür erreicht, in sein Zimmer stürmt und die Tür verriegelt und, indem er sein Gesicht im Spiegel erblickt, sich selbst die entscheidende Kugel gibt.

So hat es die Zimmerwirtin erzählt und fügte hinzu, für den Schaden komme Herr Junghuhn auf.

Wenn ich mich jetzt nicht zum Aufbruch entschließe, verliere ich ihn aus den Augen. Sein Schritt ist zu groß und zu schnell für mich, jetzt ist er wirklich ein Flüchtling geworden, Arzt aus Not, wider Willen. Als Gesundheitsoffizier dient er im preußischen Heer, doch an Weihnachten wird er entdeckt und verhaftet, das Geschenk, fest verpackt, lautet, zehn Jahre Festung.

Festung Ehrenbreitstein bei Koblenz. Schöne Landschaft, doch Landschaft ist Landschaft, Junghuhn sucht die Natur, und von innen her lässt sich Natur nicht begreifen, so wie sich niemals begreifen lässt, was man nicht selbst in den Händen hält. Ich dagegen hätte mich eingerichtet, im Gefängnis wie auf meinem Balkon, bei Wasser und Brot auf volle zehn Jahre. Dreimal am Tag ein Gespräch mit dem Wächter und kurz vor dem Schlafen die Zigarette, das Gesicht an die Steine der Mauer geschmiegt. Mit dem

Opernglas hätte ich Schiffe gesichtet und auf das Geheimnis des Rheins geglotzt, auf die kleinlich behüteten Schätze der Heimat, auf das, was ich für die Grenze halte zwischen dem, was man Deutschland und Frankreich nennt.

Aber was sind schon Grenzen! Aufstehn und Gehn ist das Lieblingsspiel, das Junghuhn und ich schon seit Jahren spielen und das immer einer von uns verliert. Zur Strafe werde ich niemals erfahren, wie er es wirklich angestellt hat, bei Nacht oder Nebel von dort zu entkommen. Ob er die Wächter bestochen hat? Mit Geld, mit Wein, mit kleinen Zigarren, deren Rauch immer freundlich himmelwärts geht? Vielleicht hat er auch nur Rapunzel gespielt, ist durch das kleine Fenster gestiegen und hat sich, unrasiert wie er ist, am eigenen Barthaar heruntergelassen, hat den Irren gemimt, sinnlos Arme und Beine geschwenkt, nur um wieder unterwegs zu sein. Denn er spricht nicht und lässt mich im Dunkeln zurück. Er nimmt mich nicht mit auf die Wanderung, zu Fuß von Koblenz über die belgische Grenze und von dort aus weiter nach Frankreich, denn in Frankreich steht die Fremdenlegion und belädt in Toulon ihre Schiffe.

Doch wer steigt schon auf Schiffe? Schwimmende Herbergen für alle, die der Heimat für immer entkommen wollen. Verbrecher und Versager, Duellanten und Selbstmörder, die Fremdenlegion nimmt sie alle. Und wer seinen Namen vergessen hat, wählt aus der endlosen Fülle von Namen unbeschwert einen anderen aus, der ihm in Zukunft am besten gefällt. Seit Jahren träume ich von Nachricht aus Algier, zur Not ein Brief, vielleicht ein Gedicht, beigelegt ein verlorener Finger, eine Strähne mit Schweiß auf Papier geklebt, eine Karte, die Männer in Helmen zeigt, ein erlegtes Tier, die gewonnene Schlacht. Aber ich habe längst begriffen, es kommt dort nicht auf Geschichten an, sondern einzig auf Flucht, auf das Werfen der Arme nach links und nach rechts, darauf, Absätze tief in die Stiefel zu schlagen und das linke Bein so geschickt nachzuziehen, dass man für unverwundbar gilt.

Glühendes Afrika, Land der Geschichten. Junghuhn hasst seine Arbeit, die stickigen Zelte, die Wunden, die Gesichter, die er versorgt. Er ist kein Arzt und kein Legionär, kein Mann für Pulsschlag, Verbände und Zuspruch, er hat keinen Sinn für den sinnlosen Krieg. Hitze erträgt er nur in eigener Mission, sein Ehrgeiz bleibt auf die Pflanzen gerichtet, und so kehrt er geschlagen nach Frankreich zurück.

Süßes Paris! Ein Brief, ein Gedicht, ein verlorener Handschuh, verträgliches Klima, ein Sonnenschirm, eine Geste aus Glas. Die Ahnung eines Verhältnisses unter den Menschen! Aber Junghuhn hat nichts in Paris zu suchen, selbst mit Geld ist er kein Mann für Cafés. Er will ein Fliegender Holländer werden, ein Mastbaum, der nicht verbrennen kann. Er will in die Tropen, Insulinde erforschen, das tüchtig zusammengestohlene Reich, ein Paradies der Schiffer und Händler und eine Hölle für den, der nicht weiß, was das Leben in den Tropen bedeutet, Hitze und einen javanischen Krieg.

Doch die Hitze der Tropen kann ihn nicht schrecken, und der Krieg, den er kennt, kümmert ihn wenig. Er führt seinen eigenen Krieg. Um der Sache den passenden Vorwand zu geben, wird er zum zweiten Mal Arzt. Er geht nach Leiden, besteht das Examen, ein Militärarzt der Klasse drei. Doch bevor er wieder ein Schiff besteigt, um zum dritten Mal ein Flüchtling zu werden, hat ihn die Heimat längst begnadigt, in Abwesenheit, schon in Afrika. Undeutlich, wer ihn begnadigt hat, wir haben darüber nie gesprochen, auch was ich weiß, ist nur ausgedacht. Die einen sagen, es war der König, andere meinen dagegen Humboldt, Alexander der Große, der vor dem König die lautere Stimme besitzt. Ich dagegen glaube, es war jene Wirtin, die, während ich noch die Gläser poliere, die Einzige ist, die wirklich weiß, was in jener Nacht in Berlin geschah. Vielleicht stand sie am nächsten Morgen im Zimmer, in der Hand einen Lappen, mit dem sie die Spuren der Tat verwischt und später Schwoerers Gesicht bedeckt.

Ein Gesicht wie so viele andere Gesichter, ein namenloser Student aus Basel, der selber gern in die Berge steigt. Vielleicht hatte er Glück, er ist seinem Tod schon in Preußen begegnet, anstatt ihn später woanders zu finden. Woraus sich ein kürzerer Text ergibt und ein sehr kurzes Leben. Sein Schatten sitzt links auf dem Schiff neben Junghuhn und atmet dieselbe Seeluft ein, weil auch Selbstmörder unersättlich sind und Mastbäume, die nicht verbrennen können.

Drei Masten und ein Name aus Holland sind das Letzte, was ich erkenne. Ein Schiff, gefüllt mit praktischen Menschen, mit Junghuhn, Soldaten, Matrosen und Händlern, mit Schreibern, Ärzten und Ingenieuren, mit Gärtnern und Priestern. Fracht nach Batavia, wo es reichlich zu tun gibt für jeden, der zuhause weder dichten noch hoffen kann.

Hier dagegen geht nichts ohne Hoffnung. Der Handel ist lebhaft, die Hitze ist tödlich, der Feind in der Mehrzahl, der Wein ist schlecht, die Gesellschaft öde, das Regiment streng und die Verwaltung mühsam in diesem Land ohne Dämmerung, das seine Sonne täglich um sechs schafottiert. Der Rest des Tages ist dunkel und die Hauptstadt Batavia eine Attrappe, ein ungesundes Geflecht aus Kanälen, nachgestelltes Kleinamsterdam, fauliges stehendes Wasser der Heimat, in dem alles verdirbt, nur die Mücke gedeiht. Die Tage sind kurz, und man stirbt hier so schnell, dass wenig Zeit bleibt für Briefe und noch weniger Zeit, eine Antwort zu schreiben, falls man Absender lebend erreichen will, denn das Meer ist ein langer, wässriger Postweg, der Tode vertuscht, die Trauer verzögert und jede Gemeinschaft unmöglich macht.

Das weiß Schwoerer genau. Nacht für Nacht erscheint er auf meinem Balkon, die Kugel im Kopf vom Mondlicht beleuchtet, und erzählt wieder und wieder dieselbe Geschichte, bis aus der doppelt gewendeten Kränkung wieder die alte Ehre wird, die jeden auf seinen Platz verweist. Mich auf den Balkon, die Wirtin ins Zimmer und Junghuhn bei Wasser und Brot in die Festung, mit Reiseverbot auf Lebenszeit. Aber ich höre ihn nur mit dem halbem Ohr, auch wenn Schwoerer womöglich mehr weiß, als er sagt. Vielleicht ist er wirklich dabei gewesen, als Junghuhn das tropische Festland betritt und die Tropen für immer zur Heimat erklärt. Briefträger Schwoerer, sage ich leise, öffne die Tasche, dann werde ich wissen, was er wirklich geschrieben hat. Und Schwoerer legt seinen Kopf auf die Seite und lacht.

Papier und kein einziger Brief dabei, Junghuhn schreibt keine Briefe. Er weiß, er hat keine Zeit zu verlieren, er füllt seine Seiten mit Wirklichkeit. Alles ist da, weil er zeichnet, was er sieht, weil er sieht, was er schreibt, weil er schreibt, wie er zeichnet und niemals versucht hat, ein Dichter zu sein. Briefträger Schwoerer, sage ich leise, als hätte ich wirklich Post erwartet, der eine geht weg, der andere bleibt, der eine ist längst in den Krater gestiegen, der andere nur auf seinen Balkon, der eine schreibt Briefe, der andere trägt aus, und der dritte verbringt sein Leben damit, auf ungeschriebene Briefe zu warten, anstatt sich endlich die Kugel zu geben.

Und während ich auf diese Briefe warte, auf Postkarten mit der Spur einer Beute, eine Ansichtskarte zum Thema Landschaft, hat Junghuhn längst neues Festland betreten. Sein Glück in Batavia heißt Doktor Fritze, der Junghuhn auf einen Blick erfasst und erkennt, dass der Mann gar kein Arzt ist, sondern ein Bergchirurgius erster Klasse. Ein Frischluftmensch und kein Mann für die Zelte, der, wenn er an seinem Schreibtisch sitzt, nur so tut, als läse er Krankenakten, in Wahrheit aber Tabellen führt und Listen anlegt, um Schritt für Schritt die Natur zu benennen, jeden Baum, jedes Blatt, jedes Tier, jeden Stein, jeden Wechsel von Wind, Licht und Witterung. Im Schnitt berechnet, gedruckt kalkuliert und umgelegt auf etwa zehn Jahre, vier Seiten pro Woche. Und alles auf Knien und Steinen verfasst!

Doktor Fritze beurlaubt den Mann für die Berge, er lässt ihn an langer Leine laufen, seinen Schatzsucherhund, der Gewinn verspricht. Denn Junghuhn läuft rastlos von

Insel zu Insel, hinten den Rucksack, der alles enthält, was die Herrschaft braucht, um das riesige Inselreich zu verwalten. Wege und Ränder auf Linie gebracht, Wälder und Sümpfe begehbar gezeichnet, Wetter und Vulkane vermessen, Sterne geschossen und Tiger gezähmt, mit den Trägern nachts am Feuer gesessen, Blätter zu kleinen Zigarren gerollt. Ihre Sprachen gesprochen, Geschichten belauscht, daraus Lebensart und Gewohnheit erschlossen, Erkenntnisse zu Erkenntnis gebündelt, woraus sich ganz ohne Junghuhns Zutun und Wille ein Handbuch der Strategien ergibt. Denn draußen herrscht Krieg.

Aber Junghuhn führt seinen eigenen Krieg. Sein Wappen zeigt Kompass und Mikroskop, ein Vermessungsritter und Topograph, auf nichts aus als auf den Märtyrertod, ein Mann, den sich jeder zu Diensten wünscht, mit dem nur niemand zu Tisch sitzen will, unrasiert, zugeknöpft, ohne Manieren, ein Wanderer, der nicht tanzen kann. Man bleibt misstrauisch höflich, geizig und neidisch und verwehrt ihm den Zutritt zu jener Gemeinschaft, auf die seine Sehnsucht gerichtet ist. Die heilige Bruderschaft der Natur. Vor den Türen der hohen Kommission, der Gesellschaft für Naturwissenschaften, stehen beamtete Tempelwächter und schütteln den Kopf. Ich erkenne ihre Gesichter sofort, die alte Mischung aus Angst und aus Gier.

Also geht er erneut auf die Wanderschaft, der wilde Mann aus der zweiten Reihe, der nicht taugt für das Parkett seiner Heimat, nicht für Innenräume geschaffen und auch nicht für Teerunden auf meinem Balkon, wo im Schatten von Humboldt und Wolfgang Goethe Briefträger Schwoerer mit Pathos und Fleiß alles aus seinem Postbeutel zieht, was an neuer Erkenntnis aus Übersee kommt, während ich in der Küche den Tee zubereite und dem Gemurmel lobender Stimmen lausche. Vielleicht auch nur den gedämpften Geräuschen des freundlichen Verkehrs unter Menschen, denen leicht fällt zu preisen, wen das Meer von uns trennt.

Das Meer hin und her, ich werde nicht warten, ich werde mich nicht auf Schwoerer verlassen, ich kann die Briefe auch selber erfinden, um zu erfahren, was ich längst weiß. Ich sehne mich nach Eis und Schnee!, schreibt Junghuhn, eines Tages nach Jahren und Jahren. Nicht schwer zu begreifen, es hat ihn erwischt, er ist krank. Aber es ist nicht der Schnee und auch nicht das Eis, es sind nicht die Tropen und auch nicht der Koller, es ist auch nicht jener Mangel an Liebe, der Reisende oft und so schrecklich befällt, es ist nur sein Körper. Sein Körper hat ihn im Stich gelassen wie Junghuhn den Körper, auf den er schon immer gepfiffen hat. Womöglich hat er den eisernen Willen mit seinem tapferen Körper verwechselt oder dachte, sie seien ein und derselbe.

Der Körper. Der Kopf ein bewegliches Gedächtnisgefäß, der Rest nichts als ein Sammler und Jäger, ein Hund und ein Träger, ein Zeitsoldat in der glühenden Hitze. Hüter und Haus, Schreiber und Sklave, Zelt gegen Regen und Sonnenschirm, atmender Dreher von kleinen Zigarren, himmelwärts in die Natur vertieft. Sein Körper hat ihn im Stich gelassen, mit dem er, als sei er nur Stiefel und Kopf, zehn Jahre die Tropen bewandert hat, ohne Rücksicht und Sorge, von der Seele des Mannes ganz zu schweigen.

Junghuhn, schreibe ich auf eine Karte, die eher Zettel

als Karte ist und die ich nicht in den Kasten werfe, weil ich Briefträger Schwoerer noch immer nicht traue, der sich, wohl wegen der Kugel im Kopf, auf immer die falschen Seiten schlägt, komm zurück, für ein zwei drei Tage, und lass deinen Rucksack am Ortseingang stehen. Du musst weder nach hier noch nach Mansfeld gehen, am besten, wir treffen uns drüben in Leiden. Dort will ich mich in eine Frau verwandeln und so tun, als wäre ich immer noch jung. Ich könnte mir auch einen Namen geben, Johanna Louisa Frederica Koch, um alte bekannte Gesellschaft zu leisten. Du kannst Bücher schreiben und Klinken polieren, kannst spielen, du hättest jetzt Frau und ein Kind, du wärst jetzt zuhause, und kannst dieses Spiel so lange spielen, bis du endlich bekommst, was man dir schuldet.

Denn einmal, das weiß ich genau, wird sich die Tür zum Vorzimmer öffnen, zur Kommission der Naturwissenschaft, zwei Männer in Uniform treten heraus und sagen, jetzt, lieber Junghuhn, wird man Sie hören. Denn auf dem zweiten Zettel steht deutlich und klar, dass die Ehre gehört, wem die Ehre gebührt, ein Platz am Tisch ist noch frei. Und vergiss nicht, es gibt auch den dritten Zettel, diese Eintrittskarte zur Ewigkeit, die so lange und heftig erwartete Taufe für den, der ein ehrlicher Jünger ist und die endlich und deutlich den Schlussstrich zieht unter alles, was einmal gewesen ist, unter sämtliche Thesen der Heimat. Hast du nicht längst die Natur vermessen, selbst den Ozean hast du von unten gesehen, du bist durch den Schlamm der Vulkane gestiefelt, was also hält dich zurück? Zieh endlich dein Schullineal aus dem Wappen, und schmiede es um in Angriff und Schild.

Denn Gott sitzt weder oben noch unten, sondern gleich nebenan, im Blumenkasten auf meinem Balkon, zusammen mit Goethe im Stängel der Pflanze, gleich neben Humboldt im dritten Blatt, in der Blume, im Baum, im Licht wie im Schatten, im Regentropfen, im Schlamm wie im Wurm, neunzig Thesen im Kopf von Schwoerer, eine kleine, schlecht beleuchtete Kugel, der Mond gegenüber von meinem Balkon. Ein landloser Gott aus Übersee, der vom vielen Erschaffen und Benennen inzwischen so müde geworden ist, dass er gern und gefällig zur Seite tritt, um endlich den Menschen den Weg frei zu machen, damit sie die Dinge jetzt selber benennen und nachher die Dinge nach sich, damit es nicht zu Verwechslungen kommt.

Es werden beschauliche Tage werden, wir werden durch große Gärten gehen, die man später stolz die *Botanischen* nennt. Wir werden uns bei den Händen halten, das heißt, nicht wirklich direkt bei den Händen, weil zwischen uns ja das Kind gehen muss, dem man immer wieder von vorn erst die Welt und danach seinen Vater glaubhaft macht, indem man bei allen Pflanzen verharrt, die freundlich im Schatten des nächstens Baumes von Menschenhand angebracht Schilder tragen, auf denen gut lesbar für Erben steht: FESTUCA NUBILA JUNGHUNIENSIS oder, nur wenige Schritte weiter: DACRYDUUM JUNGHUHNII.

Ich habe mir diese Namen gemerkt, weil die Namen der Pflanzen das Einzige sind, was sie mir wirklich begreiflich macht. Und falls das Kind einen Einwand hat, womöglich laut lacht und dich weiterzieht, unter den Schatten des nächstens Baumes, um dort unberufen im Erdreich zu graben, dann nimms bei der Hand und sprich laut und deutlich, das hier, mein Kind, ist Unkraut, nichts weiter. Denn ich persönlich glaube an Unkraut und Gott, während Junghuhn längst selbst eine Pflanze ist. Aber ich mache ihn deshalb nicht lächerlich. Nur die Koffer sind viel zu schwer, ich fürchte, er wird den Rückweg nicht schaffen. Denn sicher ist, dass er kein Schiff besteigt, Kapitän und Mannschaft erträgt er nicht, also macht er sich zu Fuß auf den Weg. Als wüsste ich nicht, was es bedeutet, sich zu Fuß auf den Weg übers Meer zu machen, das große Absichten lächerlich macht und die Anstrengung der Menschen und Körper verhöhnt.

Natürlich ist er zu Fuß gegangen. Wie lange es dauerte, weiß ich nicht mehr, denn ich habe auf meinem Balkon gesessen, habe Briefe und Karten und Zettel sortiert, Humboldt und Schwoerer und Goethe bewirtet, wovon mir sehr wenig geblieben ist. Die Erinnerung an ein großes Murmeln, während ich in der Küche stehe, Tee koche und im Kopf Bücher schreibe.

Aber das alles spielt längst keine Rolle mehr, mein Tisch ist gedeckt für den einzigen Gast, auf den es in dieser Geschichte ankommt. Franz Wilhelm Junghuhn, geboren in Mansfeld, kehrt tatsächlich nach Leiden zurück. Kurzfristig beschließt er, gesund zu werden, er möchte endlich ein Holländer sein, tauscht entschlossen Ringe mit Fräulein Koch, zeugt entschlossen den Sohn und schüttelt entschlossen Humboldt die Hand und glaubt, er genießt jetzt Gesellschaft und Ehre.

Und er schreibt. Füllt Seite um Seite, Band um Band, damit nicht das Kleinste verloren geht aus seinem Rucksack der Insulinde, und alles auf Niederländisch verfasst. Doch keineswegs jeder liebt ihn dafür, denn nicht jedem ist die Natur ein Gott und nicht jedem ist sein Gott die Natur, weshalb Junghuhn, weil es der Papst so will, deutlich und schriftlich erklären muss, dass auch der Blick durch das Teleskop uns immer wieder nichts anderes zeigt als immer wieder denselben Gott, wenn vielleicht auch gelegentlich etwas vergrößert.

Ich dagegen blicke nicht mehr nach oben, sondern scharf geradeaus. Durch mein Glas, und ich sehe, was ich schon weiß, denn obwohl ich nicht viel von den Menschen verstehe, erkenne ich manches auf einen Blick. Junghuhn, ich kenne dein Winken genau, halb Begrüßung, halb Abschied, eine Hälfte an Land und eine im Wasser, denn glaubst du, ich hätte nicht längst gemerkt, wie eng die Straßen in Leiden sind, wie du immer gegen die Häuser läufst, beim Essen zwischen den Stühlen sitzt, dich nervös in zu kleine Servietten verknotest und mit dem Kopf gegen jede Decke stößt, als wolltest du in den Himmel kommen? Steh auf, nimm den Koffer und geh.

Und Junghuhn steht auf und geht, den Koffer in der Rechten, den Sohn an der Linken, dahinter die Frau, in der Ferne ein Schiff, und ich schwöre, diesmal komme ich mit! Ich habs versprochen und halte mich dran, ich will nicht zum dritten Mal sitzen bleiben, ich brauche zum Gehen nicht einmal den Koffer, auch ohne Koffer weiß ich, wohin. Ich werde für immer die Heimat verlassen, die Küche, den Tee, den Balkon und die Zettel, die Briefe und Karten, den Kompass, das Fernrohr, das Opernglas, mit dem man die Welt nur von weitem betrachtet.

Und indem ich die Treppe hinunterfliege, lasse ich alles hinter mir. Ich habe nicht vor, mich umzudrehen, denn ich muss mich nicht umdrehen, um zu wissen, dass oben auf meinem Balkon immer noch Briefträger Schwoerer steht, ein äußerst schlecht ausgeleuchtetes Denkmal, weil die Nacht meiner Flucht völlig mondlos ist, sodass niemand die Kugel im Kopf erkennt.

Und so bin ich nach Insulinde gekommen, um endlich mit eigenen Augen zu sehen, wie eine Geschichte zu Ende geht. Aber zwischen mir und dem Ende steht plötzlich noch eine andere Geschichte, die man unscharf beleuchtet die Wirklichkeit nennt. Ein Blick und ich werde kunstlos verstummen, denn jetzt, da ich selber am Kraterrand liege, der unberechenbar Feuer und Steine spuckt, verschiebe ich jedes Ende auf später und meine Furcht auf den Morgen danach. Nichts ist, wie es geschrieben steht, von innen her lässt sich Natur nicht begreifen, so wie sich niemals begreifen lässt, was man nicht selbst in den Händen hält und was man nicht selber geschrieben hat. Schwer zu sagen, was mich mehr entsetzt, der glühende Berg, die fliegenden Steine oder die haltlose Tatkraft von Junghuhn, die meine Angst auf unheimliche Weise verdoppelt, weshalb ich ihm zu entwischen versuche, auf halber Strecke im Gras liegen bleibe, das Gesicht in den Schatten des Koffers geschmiegt in der Hoffnung auf Wind, der nicht vorkommt.

Ich im Schatten, er auf meinem Balkon, zwischen uns nichts als das Meer und mein Ehrgeiz, wird keiner von uns den anderen begreifen, und so bleibe ich unter der Asche zurück, die Hände felsenfest auf den Ohren, die Augen geschlossen, mein Körper schon längst kein Körper mehr, nur noch mein flüchtiger Abdruck im Schlamm. Erst am siebten Tag will ich wieder erwachen, wenn Seewind durch die Bananen geht und ich die kühle Morgenluft atme. Hoch in der Luft die Fliegenden Hunde, im Baum nebenan frisch erschaffene Affen, und noch ehe die Sonne den Himmel färbt, erglüht der majestätische Gipfel des Berges in Purpur und Gold! So würde es Junghuhn geschrieben haben, und wenn man im richtigen Winkel liegt und mit geschlossenen Augen liest, ist es vielleicht sogar immer noch wahr.

Die Holländer sind aber praktische Menschen, man zahlt nicht für Schwärmer und Abenteurer, Junghuhn sitzt nicht mehr am Lagerfeuer. Fest steht er im Dienst der Kolonien und soll ein kostbares Erbe verwalten, Diebesgut aus Südamerikas Anden, bei Nacht und Nebel entführt aus Peru, von dort aus über das Meer gebracht. Samen und Setzling der Chinarinde, Versprechen gegen das Mückenfieber, den tückischsten Feind aller Kolonisten. Chinin heißt das Zauberwort. Allem voran ein großes Geschäft, Verheißung von Handel und Gewinn, die so lange gesuchte Wunderwaffe gegen den nutzlosen Tod in den Tropen, der im Wasser der faulen Kanäle gedeiht. Doch ein Großteil der Beute verkommt unterwegs, und der spärliche Rest, der sich retten lässt, geht unter der Hand der Piraten nicht auf.

Jetzt, glaubt man, hat Junghuhns Stunde geschlagen, er soll aufhören, seine Bücher zu füllen mit dem endlosem Reden über Natur. Er soll die Natur endlich nutzbar machen, er soll den richtigen Boden finden, die letzten Setzlinge retten und wässern, den gestohlenen Samen zu Münze machen, damit auch in Java die Chinarinde gedeiht.

Von den Holländern erhält er den passenden Titel, damit er endlich begreift, wer er jetzt ist, Inspektor der staatlichen Chinakultur. Aus dem Wanderer wird ein Plantagenbesitzer, der Prinz der Natur soll ein Bauer werden, der Dichter Verwalter, der Priester ein Züchter, der Schwärmer soll seinen Schwarm kultivieren, der Duellant und Soldat soll Geschäftsmann werden, Sekundant klarer Rechnungsbücher, damit das Geschäft auch Gewinn abwirft. Schluss mit dem müßigen Blick auf Gott, der Blick ist von oben nach unten gerichtet, dorthin, wo der Baum seine Wurzeln schlägt.

Und er findet den Platz. Hoch über Bandung in Lembang in den Bergen, wo das Klima kühl und regenreich ist. Doch ich sehe genau, wie schwer es ihm fällt und wie er den Alltagsapostel nur spielt, täglich hinausgeht und prüft, ob die Pflanze nicht endlich Fuß fassen will, wo nichts wächst wie es soll. Nicht weil die Mission zu groß für ihn ist, sondern weil die Mission die falsche ist. Denn Franz Wilhelm Junghuhn ist kein fröhlicher Landmann, er kann sich nicht die Natur unterwerfen, die ihn ihrerseits längst unterworfen hat.

Vielleicht auch nur, weil die Zeit verrinnt, und weil, wer nicht in Menschenzeit rechnet, spürt, dass nicht viel davon übrig ist. Die berüchtigte Mischung aus Angst und aus Gier, die alte bekannte Peitsche von früher, und plötzlich, als säße er wieder im Rucksack, die fröhliche laute Stimme des Vaters, mein Sohn, ein Flüchtling, mein Sohn, ein Versager.

Die Koffer sind schwer, wir werden nicht weit damit kommen. Doch er hört mir nicht zu, er spricht nicht mit mir, er will sterben und will wie jeder, der stirbt, endlich allein sein mit seinen Gedanken. Und wenn ich ihn jetzt von der Seite betrachte, mein zusehends blasser werdendes Denkmal, unrasiert und schlecht zugeknöpft, sehe ich deutlich, wie krank er ist. Die Amöben zerfressen ihm langsam die Leber, selbst wenn er noch einmal den Arzt spielen würde, käme jede Hilfe zu spät.

Wie sinnlos es ist, aus Papierfetzen, flüchtigen Hinweisen und unscharfen Fotografien das Bild eines Menschen zu basteln, der selber nicht weiß, was später aus ihm geworden sein wird, weil er niemals erfährt, wie sehr er sich täuscht, wenn er für immer die Augen schließt, weil schon wenige Jahre nach seinem Tod die Chinarinde so prächtig gedeiht, dass der Handel der Holländer großartig blüht. Chinin und Chinin und nochmals Chinin steht weltweit auf niederländischer Flagge.

In Lembang dagegen ist es jetzt still. Denn niemand macht sich gern auf den Weg, um Männer aus zweiter Reihe zu treffen. Nur ich bin gekommen, genau wie versprochen, und nehme jetzt alles in Augenschein. Die Berge, die Bäume, das Krankenhaus, das irgendwer hier nach Junghuhn benannte, nach dem, der niemals ein Arzt werden wird. Unweit davon auf dem Grabstein die Fakten, die Fräulein Koch in den Stein ritzen ließ und die sein kurzes Leben um noch ein kurzes Jahr kürzer machen. Ein kleiner unbedeutender Irrtum, vermutlich ohne Verstand und Absicht, nur Eile und Aufbruch und Flucht, Fahrigkeit bei der Durchsicht der Zettel. Unlust der Rekonstruktion, weil auch Fräulein Koch längst begriffen hat, dass es einzig auf Tatkraft ankommt, auf das rasche Werfen von Schrift auf Papier, auf das entschiedene Packen der Koffer und auf die Reise zurück in die Heimat, wo sie weitere fünfzig Jahre verbringt, auf einem mir fremden Balkon in Den Haag, mein Opernglas um den Hals gehängt, im Rücken den Schatten von Franz Wilhelm Junghuhn, von dem sie noch weniger weiß als ich, am wenigsten, wann er geboren ist.

Wahrscheinlich ist ihr das alles egal, denn was ist ein Jahr, was sind fünfzig Jahre, wenn man den Blick in den Krater wirft und endlich für immer verstummt im Angesicht dieser lachhaften Tafel, die Junghuhns verwitterte Lebensdaten mit der festlichen Aufschrift verziert: HIER LIEGT DER HUMBOLDT VON JAVA.

Bis man auch Humboldt zum Schweigen bringt, auf dem Friedhof der Großstadt, die ich gut kenne, denn einmal, es ist ein paar Jahre her, besaß ich dort einen Balkon. Für den Schaden meiner kurzen Abwesenheit kommt die Wirtin von Schwoerer auf.

Safari

JOHN HAGENBECK
(1866–1940)

Wir sprechen hier nicht über Onkel John! Und falls doch, dann nur hinter erhobener Hand, so als hätte es nie einen Onkel gegeben, keinen Mann mit Schnurrbart und Tropenhelm, der weiß, wie man Menschen und Tiere beschwört und nach Übersee fährt, um dort einzukaufen. Singhalesen, Somalier und Hottentotten, Feuerländer und Eskimos, die er mit Geld und mit Worten füttert, bis sie mit ihm ein Schiff besteigen, um das unbekannte Europa zu sehen. Wir gehen auf Tour, ihr werdet reich und berühmt, man wird euch beklatschen, versprach der Onkel. Vielleicht sprach er auch von Amerika, von Jahrmärkten, von der Arena, dem Zoo.

Ich weiß nicht, was sie dort wirklich sahen, falls sie jemals gelandet sind, diese Feuerländer und Eskimos, die Nubier und Singhalesen, diese Fakire mit scharf geschnittenen Rippen, die auf der Schiffsreise zwischen den Tigern schliefen und zusammen mit ihnen seekrank wurden. Die einen schwitzten, die anderen froren, andere gingen sofort verloren, weil sie ungeimpft an den Pocken starben, bevor sie den Zoo von innen sahen.

Ich war nicht dabei, aber ich träume davon, endlich mit von der Partie zu sein, obwohl wir nicht über den Onkel sprechen, auch in Büchern ist er nicht wirklich zu finden, und die Bücher, die noch zu finden sind, sind mürbe und zerfallen beim Lesen. Genau wie das Bild des Onkels, der Schnurrbart, sein Tiger, der Helm, das Gewehr, der Fuß auf dem Fell des erlegten Löwen, der letzte Zahn eines Krokodils und der Eskimo, der keine Freude hatte an der anderen, schöneren, besseren Welt, die sich immer nur dreht wie ein Karussell, immer zu langsam und immer zu schnell, nur Schwung und Umdrehung. Geblieben ist nichts als ein Eisbärenfell, ein Nagelbrett und ein trübes Geheimnis.

Ein verprellter Bräutigam auf der Flucht, das sieht man doch gleich, sagt meine Mutter, wir sind hier zuhause, nicht auf der Safari. Aber statt das Bild einfach wegzuwerfen, legt sie es in die Küchenschublade, gleich neben die Messer. Als könnten wir dann zu sprechen aufhören, bis unser Schweigen uns hartnäckig sagt, dass der Onkel immer noch zwischen uns steht. Als entlobter Bräutigam meiner Mutter, Spion meines Vaters in Übersee, für meine Schwester ein Händler in Perlen, der das Beste vom Boden des Meeres holt, denn sie weiß nicht, woher die Reichtümer kommen, während mein Bruder an Makler und Schmuggler glaubt, an kleine Verbrechen in großem Stil und an den großen Stil des kleinen Verbrechers. Für mich bleibt der König der Tiere, der Arenenbeherrscher, mein erster Dompteur, mit nichts als einem Rohrstock im Rücken, mit dem er die große Gefahr dirigiert.

Und der Löwe kniet hin und legt sich nieder, dann erhebt er sich wieder und springt auf den Hocker, reißt das Maul weit auf und wartet und gähnt. Woher der Befehl kommt, bleibt ein Geheimnis, er springt durch den Reifen zurück auf den Hocker, gähnt wieder und zeigt dabei alle

Zähne, bis das Maul vom Gähnen weit offen steht, damit der Kopf des Onkels dort Platz finden kann. Und der Onkel legt seinen Kopf hinein, ich schließe die Augen, ich zähle bis drei, meine Hände sind nass, denn ich weiß, der Löwe ist immer noch da, auch der Kopf ist noch da. Nur der Befehl bleibt sein Geheimnis, und wenn ich wieder die Augen öffne, sehe ich, wie der Onkel lacht, weil sein Kopf noch so fest auf den Schultern sitzt. Also warum muss ich die Augen schließen? Selbst wenn ich mich nur noch erinnern muss, denn seit Jahren war ich nicht mehr im Zirkus, schließe ich meine Augen so fest, als wollte ich nichts noch einmal erleben.

Das also ist der Mann unserer Träume? Ein Mann, der nichts als die Arena beherrscht, der genießt, wie alle den Atem anhalten, der weiß, wann es still wird, und der, wenn es still wird, langsam die Mitte des Kreises betritt? Befremdlich langsam und schnell zugleich, ahnungslos und allwissend, so gut wie schon tot und noch immer lebendig, elegant und zum Fürchten lächerlich, wenn er sich bis auf die Erde verneigt. Ein Mann, der niemals Angst haben muss, denn er macht sich die Erde untertan, weil er glaubt, dass er weiß, wie man Schlangen beschwört.

Im Zirkus bin ich nur heimlich gewesen, denn der Zirkus ist meiner Mutter verhasst, und mit dem Zirkus der ganze Rest. Sie verabscheut die maßlose Übertreibung, dieses grausame Spiel mit der Unwirklichkeit, genau wie den Jahrmarkt, den Zoo und die Filme, das Kino als Welt und die Welt als Theater, wo man im Schutz der Dunkelheit Märchen auftischt und Jungfrauen zersägt, während wir warm und in Reihen sitzen, einer an den anderen geschmiegt, und glauben, wir sehen, was wirklich geschieht.

Meine Mutter ist niemals im Kino gewesen, auch ins Kino gehen wir immer nur heimlich, genau wie in den Zirkus und Zoo. Vorbei, sagt meine Mutter entschieden, lächerlich dieses letzte Jahrhundert, diese Affen, die versuchen, wie Menschen zu sein und die Menschen, die anfangen, Affen zu werden und sich mit Nüssen und Popcorn bewerfen. Und andere, die sich zu Krüppeln machen, die Reste blutleerer Beinen schwenken und sich tief in die Erde eingraben lassen, um drei Wochen später aufzuerstehen, als wäre überhaupt nichts geschehen. Wasserköpfe, die Feuer spucken, in Wirklichkeit nichts als Totenschädel, aus überseeischen Höhlen gestohlen, und das Publikum kann sich nicht halten vor Staunen, als hätte es diesen Trick nicht begriffen, nämlich wie man einfach die Luft anhält, drei Wochen lang auf dem Boden des Meeres, alles nur eine Frage des Willens.

Köpfe zu Perlen und Stroh zu Gold! Wer Tiere beherrscht, will auch Menschen beherrschen, aber man verdient sein Geld nicht mit Schweiß von Tieren und erst recht nicht mit der Dummheit von Menschen. Denn auch der Reichtum empört meine Mutter, wie gewonnen, so zerronnen, weshalb sie auch dieser Onkel empört, dessen Vater ein Hamburger Fischhändler war, heute ein ganzes Imperium, aber einmal Fischhändler, immer Fischhändler! Wisst ihr denn nicht, was ein Fischhändler ist? Der Geruch sitzt tief in den Poren und ist nicht mehr aus dem Haus zu bringen. Und wenn man sich auf ein Schiff setzt und flieht? Dann beginnt es wieder nach Fischen zu riechen, das ganze Meer ist ja voller Fische, Fische morgens und mittags und abends, die Armut in Schuppen, auch wenn der Fang gelegentlich Geld abwirft, Umsätze, von denen mein Vater nur träumt, wenn er jeden Tag wieder zur Arbeit geht, in ein Büro, das ich nie gesehen habe, von dem, was er tut, ganz zu schweigen.

Ich weiß nur, dass es dort warm ist und dunkel, genau wie im Kino, nur etwas kleiner. Ein Tisch, ein Stuhl und ein großes Regal, in dem hinter aufrecht stehenden Akten ganze Stapel von Büchern liegen, sämtliche Bücher von Onkel John, einen Fuß auf dem Tiger, ein Auge im Nichts, gleich neben den Messern in der Küchenschubalde. Und daneben die Bücher von anderen Männern, die niemals wirklich auf Reisen waren, denn sie haben sich alles selbst ausgedacht. Meinen Vater und mich, Winnetou, Ölprinz, Old Shatterhand, Karl May und andere mutige Männer, Tecumseh, Cody und Buffalo Bill. Und obwohl mein Vater darüber nicht spricht, ist er immer mit von der Partie, von morgens um neun bis abends um fünf, bevor er wieder bei uns am Tisch sitzt, im Rücken den Rohrstock, mit dem man die größte Gefahr dirigiert, an günstigen Tagen sogar meine Mutter.

Denn bis heute weiß meine Mutter nicht wirklich, wie mein Vater seine Zeit verbringt, nämlich reitend, kämpfend und Tiger jagend, und dass er an großen Feuern sitzt, neben anderen Männern, die Lieder singen und das Fleisch mit den bloßen Händen essen, die Messer stecken in Stiefeln. Meine Mutter verkennt die Gefahr der Bücher, sie glaubt, dass Papier nicht brennen kann, gedruckt hält sie die Gefahr für gebändigt, weil sie sich auf den Zoo konzentriert, auf den Zirkus, das Kino, die größte Gefahr, die sie mit allen Mitteln bekämpft. Die große Gefahr ist aber woanders, sie müsste nur diese Tasche öffnen, in der sich zum Schein ein paar der Akten befinden und zwischen den Deckeln der Akten Federn, lauter Bündel von bunten Federn, nur den Schrumpfkopf hat mein Vater woanders versteckt, auch ich weiß nicht, wo.

Und zwischen den Federn gelegentlich Schuppen, denn Fisch wird bei uns nur heimlich gegessen, und auf dem Grund der Tasche liegen die Perlen. Ein großes Verbrechen in kleinem Stil, niemand weiß, woher diese Perlen kommen. Nur mein Vater kennt diesen Trick ganz genau, nämlich wie man sehr lange die Luft anhält. Das hat er sein ganzes Leben geübt, alles nur eine Frage des Willens, abtauchen und im Trüben fischen, um am Ende mit einem Schatz aufzutauchen, weil er noch immer an Reichtümer glaubt. Zwischen morgens um neun und abends um fünf.

Nur der Geruch lässt sich nicht verleugnen, die Tasche riecht noch immer nach Fisch. Meine Mutter tut so, als wäre da nichts, sie würde die Tasche niemals öffnen, weil sie das trübe Geheimnis fürchtet, sie öffnet nur hin und wieder ein Fenster. Denn wir sprechen hier nicht über Onkel John, der vor seiner Zeit die Schule verließ, weil die Schule ein falsches Versprechen ist, genau wie die Bücher. Von Büchern hielt Onkel John überhaupt nichts, die Bücher interessierten ihn nicht, weil um ihn herum genug Wirklichkeit war. Eine unumstößliche große Familie, Väter und Mütter, Schwestern und Brüder, Tanten und Onkel, Neffen und Nichten, Händler, Spediteure und Schmuggler,

Kapitäne, Spione und Präparatoren, Dompteure vom Zirkus und Zoodirektoren. Ausrichter riesiger Völkerschauen, eine Firma gestopft mit Menschen und Tieren, in der man weiß, wie man bietet und kämpft, wie man schlägt und sticht und am Ende verliert, um am nächsten Tag vielleicht doch zu gewinnen.

Also sprich du zu mir, Onkel John, zwischen morgens um neun und abends um fünf. Wir spielen, die Zeit wäre stehen geblieben, mein Vater sitzt zwischen den Büchern, du stehst unten im Hof und fütterst die Seehunde in den Tonnen. Alle Seehunde heißen Paul, dein Vater hat Sinn für die große Familie, und alle fressen bis heute dasselbe, morgens, mittags und abends Fisch. Er handelt auch mit größeren Tieren, mit Seelöwen und mit Ameisenbären, mit Lamas und mit riesigen Schweinen, die er glatt rasiert in Käfige stellt, um sie gegen Geld bewundern zu lassen. Was für Zeiten das waren, als die Leute in Hamburg noch Geld dafür gaben, um Robben zu sehen und Schweine zu füttern und das Reh aus dem Wald für ein Lama zu halten, weil damals noch galt, was geschrieben steht.

Dein Bruder, Carl, betreibt einen eigenen Handel, mit Meerschweinchen, Käfern und Maulwurfküken, bis er nach England reisen darf, um dort den Ameisenbär zu kaufen. Auf der Rückreise, neben Carl in der Kutsche, befällt das Tier plötzlich heftiges Heimweh, weshalb es ihm Hemd und Hosen zerreißt. Wie sehr ich diese Geschichte liebe, Heimweh, Kutsche und Schiff, wie der Ameisenbär die Matrosen erschreckt, indem er auf See seine Zunge zeigt, während Carl unter Deck gegen Seekrankheit kämpft.

Carl der Große, der den Namen des Vaters trägt, der große Bruder von Onkel John, der in Wahrheit nur sein Stiefbruder ist, über den bei uns auch nicht gesprochen wird. Dabei kennt ihn in Hamburg jedes Kind, den ältesten Sohn in der ersten Reihe, dem, selbst noch ein Kind, schon die Firma gehört, während Onkel John, zwanzig Jahre später, als Nachzügler eine Bühne betritt, auf der es für ihn keine Rolle mehr gibt. Der Zoo ist gegründet, die Tiere sitzen in Käfigen, der Ameisenbär zeigt nur noch selten die Zunge, und die älteren Schwestern sind alt wie Tanten und haben die Brüder gegen Männer getauscht, die in der Werkstatt sitzen, um Tiere zu stopfen und Kulissen zu bauen für Völkerschauen aus Übersee.

Also erzähl mir von langen Nachmittagen, wenn der Regen auf nördliche Hausdächer trommelt und im trüben Licht der Tierstopferwerkstatt deine Onkel die Körper mit Watte füllen, um die Beute für immer haltbar zu machen. Lauter Männer in weißen Kitteln, Präparatoren und Ärzte, die Skelette mit frischen Fellen beziehen, die Körper verwalten und Schrumpfköpfe kämmen, Zahn an Zahn und Knochen zu Knochen. In der Luft ein Geruch von Apotheke und Motten, von Leder und Spiritus, Farbe und Leim. Die ganze Tierwelt wird sorgsam vermessen, zerlegt, zerschnitten, zerteilt und verschoben, von vorne vernäht und rekonstruiert, Schneider des Urwalds von neun bis um fünf, die alle Tiere von vorne erschaffen, bis sie wieder zum Leben erwachen, als könnten sie wieder schwimmen und fliegen, als wären sie wieder zuhause auf der Jagd.

Ein Urwaldstummfilm. Es ist totenstill in den langen

Regalen, doch man sieht, wie die Hähne zu krähen beginnen, die Gänse zu fliegen, die Löwen zu brüllen, wie die
Affen sich über die Bäume jagen, ein lautloses Drama ganz
ohne Bewegung. Die Präparatoren führen Regie, Dienst an
der Wissenschaft und am Geschäft, für den man sie später
belohnen wird, wenn die Frauen Witwen geworden sein
werden und das Hamburger Weltmuseum gründen, in dem
man alles bestaunen kann, die ganze Welt vor die Haustür
gebracht.

In der Ecke den stumpfen lauernden Tiger, mit durch
und durch frischen Streifen besetzt, Glasaugen, die deutlich
ins Leere starren. Darüber den Kopf eines Elefanten, den
Rüssel für immer nach oben fixiert, die letzte Posaune am
Jüngsten Tag. Ich höre sogar das Rasseln der Kette, mit der
man ihn fest im Schiffsbauch verankert, damit er die Reise
gut übersteht und nicht seekrank über die Reling geht. Jetzt
hängt wie eine Karnevalsmaske sein Kopf in der linken
oberen Ecke, gleich neben den langen dunklen Regalen,
in denen sich keine Akten befinden, sondern Totenköpfe
und kleine Skelette, die man aus Übersee eingekauft hat.
Darunter, den linken Arm hoch erhoben, als wollte er noch
einen Schlag ausführen, ein riesiger längst besiegter Gorilla,
Dschungelkämpfer und Revolutionär, Lenin der Tiere, nur
etwas stummer. Ein Denkmal, umflattert von toten Geiern,
die Flügel gespreizt und den Schnabel aufs Futter.

Und unter Geiern hockt Onkel John und erzählt mir, dass
er nicht bleiben will. Denn wer möchte sein Leben damit
verbringen, von morgens um neun bis abends um fünf die
Leiber toter Tiere zu stopfen? Kennst du den Urwald mit

seinen vielen Gefahren? Wo Löwen und Tiger noch bissig sind und Schlangen noch ihre Zungen zeigen? Wo man aufhört, der kleine Bruder zu sein und über Nacht anfängt, ein Jäger zu werden, auf Augenhöhe mit jedem Tier, nur einer von beiden kann gewinnen, das große Rhinozeros oder ich! Wer zögert, verliert, ein falscher Lidschlag, schon packt dich die Schlange, denn der Urwald ist kein Museum, kein Stummfilm, sondern die andere wirkliche Welt.

Die Tropen! Der ganze Busch tobt nachts von Geräuschen, ein einziges Raunen, Schnaufen und Stöhnen, ein Jammern und Schnalzen und Zirpen und Pfeifen, ein Brüllen und Laufen, das Knacken der Zweige, ein langes heißes und finsteres Atmen. Jeder Strauch, jeder Zweig, alles ist in Bewegung, jeder Baum könnte plötzlich zu laufen beginnen und verwandelt sich Schritt für Schritt in ein Tier, das du niemals zuvor gesehen hast, von dem du noch gar nicht ahnst, dass es da ist. Der Gott der Wildnis in Pelze gewickelt, mit Zähnen bewaffnet, mit Hörnern bewehrt, der seine Schöpfung vor Jägern beschützt und selber der größte Jäger ist. Hier hausen die Seehunde nicht in Tonnen, keines der Tiere hört hier auf Namen, kein Löwe, der hier durch Reifen steigt. Hier regieren auch nicht mehr die Onkel und Tanten, hier regierst nur du selbst, hier regiert deine Kraft, weil nur der, der den stärkeren Willen hat, wirklich ein Anrecht auf Dasein hat.

Das wissen auch die kleineren Tiere, die säuselnd und flüsternd das Zelt einkreisen, die einen kriechend, die anderen fliegend, die dritten rühren sich gar nicht vom Fleck. Denn sie kennen diese Gesetze genau, und wehe dem, der die Gesetze verletzt, denn das Feuer gehört dem Menschen allein, Onkel John, und ein paar anderen Männern, die lachend und trinkend am Feuerplatz sitzen, abends nach fünf, wenn es dunkel wird. Sie essen das Fleisch mit den bloßen Händen und denken nicht daran, Bücher zu lesen.

Denn was sind die Bücher gegen die Welt und gegen die Nacht unter freiem Himmel, der uns weiter entfernte Sterne zeigt, sobald wir den Kopf in den Nacken legen. Jeder Stern ist ein eigener Urwald mit eigenen Tieren und frischen Gefahren, von denen nicht einmal mein Vater weiß, von meiner Mutter ganz zu schweigen, die die Sterne für eine Erfindung hält, Dekoration für den Zirkus, das sieht man doch gleich.

Aber eines Tages, das weiß ich genau, wird mein Vater nicht mehr nach Hause kommen. Dann wird er in einem der Bücher des Onkels endlich die Stelle gefunden haben, wo steht, wie satt er das Tierstopfen hat, wie satt er es hat, eine Nummer zu sein, und wie satt er das ganze Europa hat, wo ein Mann kein Mann ist, sondern nur ein Verwalter, ein Knecht von Brüdern, Befehlsempfänger, der Regale und Akten abstauben muss, weshalb der Onkel ein Schiff besteigt und beschließt, für immer nach Ceylon zu gehen.

Aber wir sind noch lange nicht da. Onkel John ist ein Junge von fünfzehn Jahren, Handlanger seines älteren Bruders, der ihn auf andere Reisen schickt, nach Italien, nach Spanien, an die Donau, nach Russland. Er soll Tiere von Schiffen auf Züge verladen, eine lange und traurige Karawane, seekranke Elefanten und Tiger, verstörte Strauße, verwirrte Affen. Der ganze Hafen tobt nachts von Geräuschen, ein einziges Keuchen, Heulen und Stöhnen, heftiges Schlagen,

Kratzen und Beißen, ein ohrenbetäubender Heimwehchor, bis sich die Tiere schließlich ergeben, denn die Seekrankheit hat sie zahm gemacht.

Bis auf den flüchtigen Panther, der sich noch immer nicht aufgeben will und in der Dunkelheit zu entkommen versucht. Wer fürchtet sich mehr? Der Panther in seiner fremden Freiheit, oder der Junge, der plötzlich ein Jäger wird? Ich sehe sie laufen, panische Männer, alle mit Käfigen über dem Kopf, weil sie die Angst des Panthers fürchten, der den Betrug längst gerochen hat zwischen einer Bahnstation und der nächsten. Hier läuft der Panther und da Onkel John, mein erster Dompteur und Arenenbeherrscher, den Rohrstock im Rücken und den Käfig über den Körper gestülpt, ein lachhafter Panzer. Aber selbst wenn ich jetzt die Augen schließe, ist der Onkel immer noch da, der Onkel, der Käfig und endlich der Panther, der im Lagerhaus in der Ecke kauert und darauf wartet, dass sich sein Schicksal erfüllt. Diese Geschichte liebt Onkel John, denn der Lehrling ist endlich Geselle geworden, und wenn ich noch etwas länger zuhöre, folgt in Kürze sein Meisterstück!

Denn wer die Tiere beherrscht, beherrscht auch die Menschen, Somalineger und Eskimos, die mit Pferden und Straußen um die Wette laufen, in Hamburg, in Budapest oder in Wien, überall, wo man sie sehen will, überall, wo man dafür bezahlt. Die Zuschauer drängen sich hinter den Gittern und strecken gierig die Hände aus, um endlich den Schwarzen Mann zu berühren, der so tun muss, als verstünde er nichts, als spräche er nicht schon längst ihre Sprache, als hätte er nicht unterwegs schon begriffen, worin dieser einfache Trick besteht.

Nämlich wie man im Zoo seine Hütte aufbaut, zwischen den Tieren die Zelte aufschlägt und dann lange genug die Luft anhält, um zu spielen, dass man ein Fremder ist, der nicht weiß, was es heißt, an Tischen zu sitzen und wie man Messer und Gabel hält, der sein Essen noch über dem Feuer kocht, das Fleisch mit bloßen Händen verzehrt und die Suppe direkt aus dem Kessel trinkt. Beim Kochen soll er Kostüme tragen, bunte Perlenschnüre und Federn, und falls er vergessen hat, wie das geht, bringt man ihm alles von vorne bei, denn irgendein Clown kommt immer vorbei, der weiß, wie man Menschen zum Lachen bringt, wie man foppt und täuscht und den Haken schlägt, bis alle Gäste begeistert klatschen, keiner möchte nach Hause gehen.

Denn was macht der Wilde Mann in der Nacht? Wo schlafen die Eskimos mit ihren Frauen? Was macht der Neger in seiner Hütte? Und in welchem Korb schläft die Frau des Fakirs, die sich tags von Messern durchbohren lässt und sich nachts in eine Schlange verwandelt, was keiner der Gäste verpassen will. Genauso wenig den herrlichen Anblick, wenn die Truppe nachts um ein Feuer sitzt und wehmütig Lieder der Heimat singt, die einen von ewigem Eis und Schnee, die anderen von Hitze und Tropenfieber, von Krokodilen und Kängurus, die ungeimpft auf der Überfahrt starben. Ein herzzerreißender Heimwehchor, der manche der Zuschauer so heftig bedrückt, dass sie Münzen und Brot durch das Gitter werfen. Andere schreiben kleine Zettel und werfen sie über das Gitter zum Feuer, dorthin, wo die Schauspieler tanzen, wobei sie den Kopf in den Nacken legen, den Blick himmelwärts auf die Sterne gerichtet, als hätten sie einen Sinn für Natur und keine Ahnung von Alphabeten.

Nur wenn am nächsten Tag einer aufsteht und plötzlich seine Kostüme wechselt, die Pelzmütze einfach ins Feuer wirft, den Federschmuck gegen den Anzug tauscht und entschlossen über das Gitter steigt, um ein Besucher der Innenstadt zu werden, wird die Sache plötzlich gefährlich. Man zieht sich in feste Häuser zurück, man schließt sich ein und rückt fester zusammen, denn der Wilde Mann ist Tourist geworden und hat plötzlich beschlossen, Europa zu sehen. Ein Indianer, ein Eskimo auf Urlaub, ein Schausteller wie alle anderen auch, der einen Vertrag unterschrieben hat und selbst verdientes Geld in der Tasche, das er jetzt in die Läden trägt, in die Bars und Cafés, wo er endlich aufhört, ums Feuer zu tanzen. Er tanzt jetzt, was alle anderen tanzen, nämlich Shimmy und Foxtrott. Denn immer nur so zu tun, als ob, das erschöpft auf Dauer und verwirrt die Sinne, bis am Ende keiner mehr tanzen kann und mancher lieber zum Messer greift.

Doch in Europa hält man sich fest an Zeiten. Messer wirft man von neun bis fünf, danach ist das Messerwerfen verboten, genau wie das Trinken von Alkohol. Das alles steht deutlich im Vertrag, und wer nach fünf noch ein Messer wirft, aus Überdruss oder aus reiner Verzweiflung, bekommt sofort die Peitsche zu spüren. Und so bleiben sie stumpf vor den Zelten sitzen, die einen schwitzend, die anderen frierend, wie damals der Patagonier, der, als er seinen Vertrag unterschrieb, nicht wusste, wie lang ein Jahr wirk-

lich ist. Das Heimwehfieber ergriff ihn sehr heftig, ungeimpft und tückisch von hinten, erst in den Knochen, dann
auf den Augen, dann wurde der ganze Schädel erfasst, so
dass er sich Hemd und Hosen zerriss. Dann sank ihm langsam der Kopf auf die Brust, und nichts vermochte den Kopf
zu heben, kein Geld, keine Worte und keine Versprechen,
auch kein Besuch in der Innenstadt, von Shimmy und Foxtrott ganz zu schweigen. Bis er sich schließlich im Zoo von
Dresden vollkommen unerwartet erhob, ein Pferd bestieg
und entschieden sagte: Ich reite nach Hause.

Aber zu Pferd kommt man nicht übers Meer. Jeder Im-
presario weiß das, weshalb der Onkel die Truppe verlässt,
um in Berlin einem anderen König zu dienen, den man aus
Kamerun eingeführt hat. Denn Kolonien sind groß in Mo-
de, willkommen Prinz Dido aus Didotown! Ein prächtiger
Mann, zwei Meter hoch, zum Trinken zehn Liter Bier am
Tag, eine Schlagkraft zum Fürchten, dabei immer auf seinen
Ruf bedacht. Wehe dem, der wagt zu bezweifeln, dass der
Prinz wirklich blaublütig ist. Dass man es glaubt, dafür
sorgt Fritz von Schirp, Freiherr, Reporter und Allesverkäu-
fer, dessen Motto heißt *Fritz von Schirp macht alles.* Macht
Bauern zu Prinzen und Prinzen zu Kaisern, kauft Dido
einen Zylinderhut, der steht ihm besser als jede Krone, und
führt ihn zusammen mit Onkel John von Lokal zu Lokal,
von Bar zu Bar, von einem hohen Haus in das nächste.
   Prinz Dido wird überall fürstlich empfangen, überall bekommt Dido sein Bier, obwohl er nur einen Lendenschurz
trägt, denn er hält nicht viel von Hemden und Hosen. Doch
man liebt seinen samtroten Lendenschurz, so stellt man

sich fremde Könige vor, genau so will man sie fotografieren, mit Lendenschurz, Jäckchen und grauem Zylinder. Überall schenkt man Prinz Dido Zylinder, Montagszylinder und Sonntagszylinder, bis er zum Hof des Kaisers kommt, wo ihn im Potsdamer Muschelsaal der Kronprinz Friedrich Wilhelm empfängt zu einem Gespräch ganz unter Kollegen. Der Kronprinz ist glänzend aufgelegt, neugierig, lebhaft, ein Mann für die Bühne, Urwalddiplomatie ist sein Fach, Prinz Dido bekommt einen neuen Zylinder und zum Andenken eine goldene Kette, an der eine schwere Medaille hängt.

An was wird sich Dido erinnert haben, nachdem man ihn aus den Augen verlor und niemand mehr von ihm gesprochen hat? An Berlin, die Zylinder, an Onkel John, der längst unterwegs nach Ceylon war? Oder an das Manöver in großem Stil, das der Kronprinz zu seinen Ehren abhielt? Prinz Dido marschiert in der ersten Reihe, und wenn er nachts in den Büschen liegt, kann er von weitem die Schüsse hören, denn da, wo er herkommt, herrscht Krieg.

In Europa ist es dagegen noch still. Warum ist der Onkel trotzdem gegangen? War es wirklich der Traum vom besseren Leben, oder war es das Heimweh der Eskimos und die große Müdigkeit der Indianer, die längst keine Lust mehr zum Reiten hatten? Oder der Überdruss der Fakire, deren Korbtrick er in- und auswendig kannte und die Unzuverlässigkeit der Kannibalen, die niemals pünktlich zur Fütterung kamen, was das Publikum hinter den Gittern empörte? Schließlich hatte man Eintritt bezahlt und wollte die Menschen fressen sehen.

Vielleicht war es auch nur der bekannte Geruch von Mottenkugeln und Apotheke, die stumpfen verglasten Augen des Tigers, der noch immer fixiert in die Leere starrt, dieser Zirkusauftritt des Weltmuseums, Nummer an Nummer, Skelett an Skelett. Oder es war sein Stiefbruder Carl, in dessen Büchern der Onkel nicht vorkommt, als hätte es nie einen Bruder gegeben, weil in der Familie kein Platz für ihn ist? Also Schluss mit der Tierstopferei! Onkel John will den echten, gefährlichen Panther, den man nicht zwischen zwei Bahnhöfen jagt, sondern dort, wo ein Mann noch ein Mann sein kann und der Handlanger endlich zum Jäger wird, mit eigener Uniform, eigenem Gewehr und eigenen Trägern.

Er träumte von einem eigenen Haushalt, in dem man sich Menschen untertan macht, ein verprellter Bräutigam auf der Flucht, das sieht man doch gleich, sagt meine Mutter. Denn meine Mutter glaubt nicht an Liebe, sie glaubt nur an das Unglück der Liebe, an eine ferne Verlobte in Hamburg, die dem Onkel für immer den Laufpass gab, das einzige Reiseticket, das gilt. Denn diese Gefahr riecht meine Mutter sofort, sie muss diese Tasche gar nicht erst öffnen, um zu wissen, was sie wirklich enthält. Und wenn man sich auf ein Schiff setzt und flieht? Dann beginnt es wieder nach Fisch zu stinken, morgens, mittags und abends Fisch, eine Flucht ist in Wahrheit unmöglich. Denn auch meine Mutter beherrscht den Korbtrick, wie die Frau des Fakirs, die genau weiß, wohin sie verschwinden muss, bevor man den Korb mit Messern durchbohrt. Der durchbohrte Korb geht von Hand zu Hand, und wenn man staunend den Deckel hebt, ist die Frau des Fakirs nicht mehr da, sie weiß genau, wie man Männer verprellt.

Also sprich du zu mir, Onkel John, und erzähl mir von deinem Perlenhandel, mit dem du die Braut gewinnen wolltest, vom großen Stil eines kleinen Verbrechers, weil jeder Händler ein Schmuggler ist. Eine Geschichte, die meinem Bruder gefällt und auch meiner Schwester gefallen würde, sofern man sich auf die Perlen beschränkt, auf den Reichtum und dazu passende Männer, die mit Geschenken im Hafen stehen, als wäre die Welt nur ein Souvenir und als koste es nicht die geringste Mühe, den Reichtum über die Meere zu schaffen.

Denn die Reise ist der leichtere Teil, der schwierige Teil ist das Perlentauchen, die Perlentaucher sind wirkliche Künstler, die genau wissen, wie man Fische fängt und wie man danach noch viel tiefer taucht, um richtige Schätze ans Licht zu holen. Nicht nur die Perlen, auch die Männer möchte der Onkel verkaufen, er würde sie gerne nach Hamburg schicken, damit sie dort ihre Kunststücke zeigen. Vor den gierigen Augen des Publikums würde er sie in Becken werfen, je tiefer, je besser, damit sie von unten nach oben holen, was man hinabgeworfen hat.

Wie die Damen um ihre Ringe fürchten und die Männer um ihre Manschettenknöpfe, um alles, was sie erwirtschaftet haben zwischen morgens um neun und abends um fünf. Die ganze Arbeit ehrlicher Hände wirft der Onkel hinunter ins Becken. Ich schließe die Augen, meine Hände sind nass, ich beginne zu zählen. Und wenn es auch Stunden und Tage dauert, auf die Taucher des Onkels ist immer Verlass, alles nur eine Frage des Willens, der Zeit, der Geduld und des langen Atems, denn ich weiß, wenn ich jetzt die Augen öffne, ist alles plötzlich von vorne da, die Ringe und die Manschettenknöpfe, sogar die billigen Reifen der Kinder.

Nur ist aus dem ganzen Geschäft nichts geworden, weil die Perlentaucher nicht daran dachten, vor Publikum in die Becken zu springen und nach Kinderreifen zu tauchen. Das eigene Meer ist groß genug, und der Onkel verlegt sich auf andere Geschäfte, auf das, was seit jeher oben schwimmt und nur gelegentlich untergeht, auf den Handel der großen Überseeschiffe.

Der Onkel als Überseebauchladenmann. Ein Schiffslieferant kann mit allem handeln, auch mit dem, wonach man nicht tauchen muss. Mit Wasser und Brot, mit Kompass und Rohrstock, mit Seife, mit Scheuerlappen und Schrauben, mit Dosen und Fisch, mit Schuppen und Netzen, mit Messern, Kerzen, Tabak und Wein, und nebenbei, in ganz anderen Kisten, mit allem, was niemand zu sehen bekommt. Nur mein Bruder behauptet, genau zu wissen, was sich in diesen Kisten befindet. Elefantenzähne, das Horn eines Nashorns, und unten am Boden Muscheln und Perlen, mit denen man seine Freundschaften pflegt, wenn man weit weg von zuhause ist. Denn wie leicht und wie schnell vergisst man einander, wenn man erst außer Sichtweite ist! Nur ein Zahn, eine Perle zur richtigen Zeit hat Platz in jeder Erinnerung und hält die Erinnerung länger wach als der längste Brief dieser Welt.

Nicht dass der Onkel geschrieben hätte, weder Briefe noch Bücher. Auch die Bücher im Regal meines Vaters tragen nur zum Schein seinen Namen, der Onkel hat sie nicht selber verfasst, weshalb man kein Wort davon glauben darf. Und wenn er sie selbst geschrieben hätte, dürfte man noch viel weniger glauben. Aus den Augen, aus dem Sinn, sagt meine Mutter, denn was der Onkel in Umschläge steckt, sind Verträge, Bestellungen, Warenlisten, Rechnungen ohne persönliche Note, er hat seine Braut längst aufgegeben.

In Übersee herrschen andere Kriege. Vor der Haustür in Hamburg ist es noch still, aber hier in der neuen Nachbarschaft hat der grausame Lärm längst begonnen. Am Kap kämpfen Engländer gegen die Buren, kein Zirkus, kein Stummfilm. Ein einziges Laufen, Schreien und Stoßen, ein Ächzen und Stöhnen, ein Keuchen und Seufzen. Kennt ihr den Urwald mit seinen vielen Gefahren? Das Knacken der Zweige, das heiße Atmen, jeder Strauch könnte plötzlich zu laufen beginnen und verwandelt sich Schritt für Schritt in ein Tier, das wir noch gar nicht gesehen haben, von dem wir nicht ahnen, dass es schon da ist. Der Gott des Krieges in Pelze gewickelt, bis an die Zähne hinauf bewaffnet, kein Soldat, der hier noch auf Namen hört, kein Offizier, der durch Reifen steigt. Hier regieren weder Onkel noch Tanten, hier regiert eine riesige sinnlose Kraft, ein gnadenloser Arenenbeherrscher, der alles mit Stacheldraht umzäunt, als hätte niemand mehr Anrecht auf Dasein.

Das wissen auch die Soldaten genau, die schleichend und flüsternd die Zelte einkreisen, die einen kriechend, die anderen rühren sich gar nicht vom Fleck, denn sie kennen diese Gesetze genau, wie man sich in die Erde eingräbt und möglichst lange die Luft anhält, um erst am Jüngsten Tag wieder aufzustehen. Andere haben weniger Glück, weil sie es vorziehen, aufrecht zu gehen, Käfige über die Köpfe gestülpt, auf ein Schiff, das sie weiter nach Ceylon bringt.

Bauchladenmann, jetzt schlägt deine Stunde, denn längst bist du ein Makler geworden, der von klein auf besser als andere weiß, wie man Menschen und Tiere auf Schiffe verlädt, um sie über das Meer zu bringen, bis sie im Hafen von Colombo völlig erschöpft und für immer gefangen das Festland betreten. Willkommen im Tropenparadies, wo Palmen hinter Stacheldraht wachsen und der Bauchladenhandel fantastisch blüht, weil die Engländer alles Mögliche brauchen. Rohrstöcke, Netze, Käfige, Bürsten, vor allem Tabak und Whiskey und Wein, damit sie nicht unnötig Reue befällt, wenn sie abends nach fünf am Feuer sitzen und Lieder singen, die keiner versteht.

Nur der Onkel versteht genau, was sie singen, er kennt das Lied und die Melodie, weil er sämtliche Sprachen spricht. Denn er will seinen eigenen Hausstand gründen, einen eigenen Garten mit Cocusplantagen, das ist der nützlichste Baum der Welt. Aber selbst um nützliche Bäume zu pflanzen, braucht man Geld, weshalb er nicht nur mit den Engländern handelt, sondern ganz nebenbei mit dem Rest der Welt. Und der Rest der Welt steht auf Kriegsfuß mit China, und China steht gegen den Rest der Welt. Und die Welt versucht, China ins Knie zu zwingen, nur dass China sich immer wieder erhebt, ein einziges sinnloses Stehen und Fallen, ein Boxeraufstand, der Kräfte verbraucht und riesige Mengen an Nahrung verschlingt.

So wird der Onkel zum Überseeschlachter. Bestellung aus Deutschland, tausend indische Ochsen, die der Onkel in Ceylon auf Schiffe verlädt und von dort aus weiter nach

China verschifft, in der Hoffnung, dass sie nicht seekrank werden, denn die Seekrankheit fährt jedem Tier in die Knochen und macht das Fleisch zäh und unverdaulich. Doch im Krieg, wie man weiß, frisst der Mensch alles.

Nur der Onkel versteht etwas vom besseren Leben. Wer gelernt hat, zwischen den Fronten zu kämpfen, behält immer das beste Stück Fleisch für sich. Der Handlanger wird zum Plantagenbesitzer, der Plantagenbesitzer ein reicher Mann, mit Haus und Hof und eigenen Trägern, vielleicht sind auch Frauen und Kinder im Spiel, von denen nirgends die Rede ist. Denn das ist die schönste Zeit seines Lebens, sein eigener Herr und ein eigener Hausstand. Und endlich darf er ein Jäger werden, ein Mann des Urwalds, der großen Gefahren, der wieder und wieder die Insel bereist und von dort aus weiter das indische Festland. Ein Kenner der Gegend, der sich die Erde untertan macht, der jeden Baum kennt und jeden Busch, der jedes Tier schon von weitem riecht, der weiß, wie man Elefanten fängt und wie man sie hinterher handzahm macht. Meister der Gruben und Strategien, Meister des Fallstricks, des Gewehrs und der Peitsche, Meister der Zeit, Spezialist in Geduld.

Fünfundzwanzig Jahre Ceylon! Das ist das Lieblingsbuch meines Vaters, das er wieder und wieder von vorne liest, zwischen einem Aktengang und dem nächsten? Eine Perlenkette von Anekdoten, als der Onkel ein großer Gastgeber war, der alle in seinem Haushalt empfing, Kapitäne, Jäger und Hasardeure, Haudegen, Grafen, Schmuggler und Händler. Auch Missionare waren dabei und zusammen mit anderen Zauberkünstlern vermutlich sogar ein paar Reiseschriftsteller. Spezialisten der wahren Erfindung. Tagsüber unerbittliche Händler und nach Feierabend mit Hilfe von Gin ein fröhlicher Club von Illusionisten, die der Wirklichkeit von der Schaufel sprangen, indem sie betrunken in Brunnen fielen oder auf Riesenschildkröten ritten, so lange, bis ein Film daraus wurde, den ich wieder und wieder von vorn sehen will, um endlich mit von der Partie zu sein, weil es dort warm und dunkel ist.

Willkommen im Tropenparadies! Ein echter Kostümfilm mit falschen Menschen, mit falschen Affen und Kokosnüssen, mit Tigern, die man hypnotisiert, so wie man die ganze Welt hypnotisiert, als hätte die Welt diesen Trick nicht begriffen, nämlich, wie man einfach die Augen schließt und versucht zu vergessen, was wirklich ist, indem man den Kopf in den Nacken legt und so tut, als wären dort oben Sterne, während unten die Katastrophe lauert, der man nicht länger entrinnen kann, denn längst hat der Krieg Europa erreicht.

Also wird der Onkel alles verlieren. Er wird alles verlieren, woran sein Herz hängt, obenauf sein ganzes Vermögen, auch wenn er sich weigert, daran zu glauben. Aber diesmal hat sich der Onkel getäuscht. Der geschmeidige Handlanger zwischen den Fronten gerät plötzlich selber unter Beschuss und läuft in seine eigene Falle. Es ist die Kundschaft, die ihn verrät, es sind die Engländer höchstpersönlich, die ihn um Ehre und Ansehen bringen, weil sie dem Mann plötzlich nicht mehr trauen, mit dem sie so lange gehandelt haben.

Denn mit was hat der Onkel wirklich gehandelt, was hat er über die Grenzen gebracht? Morgens, mittags und abends nur Fisch? Versteckt er nicht hinter verstaubten Skeletten geheime Akten in seinen Regalen? Liegt nicht ein Umschlag aus braunem Papier zuhause unter dem Tigerfell, in dem sich Dokumente befinden, aus denen fast alles ersichtlich ist? Was weiß dieser Mann, und was weiß er nicht? Spielt er nicht nur den harmlosen Jäger, der gelegentlich auf ihren Festen erschien, um hier und da ein Geschäft zu besprechen, eine Lieferung oder den nächsten Transport, oder einfach nur, um mit ihnen zu trinken und um deutsche Geschichten zum Besten zu geben? Hatte er nicht, wenn er selber sprach, unaufhörlich die Ohren offen? Verschwand er nicht hin und wieder im Garten, um im Schutz der Bäume Notizen zu machen? Saßen nicht überall Männer im Busch, die vorgaben, Chauffeure und Träger zu sein? Und sprach er nicht viel zu gut ihre Sprache?

Und wie auffallend höflich er war. Ganz Mann der Bühne, ein deutscher Kronprinz, der mit leichter Hand kleine Geschenke verteilt, wobei er an große Manöver denkt. Denn hat er, die Sache vom Krieg her betrachtet, nicht immer schon jedes Gericht umgangen, weil er vorzog, auf eigene Faust zu handeln? Warum sonst sind gewisse Händler verschwunden und gewisse Träger im Nebel geblieben? Wer also ist John Hagenbeck wirklich, dieser Mann, über den wir nicht sprechen dürfen?

Jetzt sind diese Fragen überflüssig. Alles ist längst beschlossene Sache, ein Brief ohne jede persönliche Note, bei Nacht und Nebel des Landes verwiesen, lautet das Urteil von englischer Seite. Der Onkel muss seine Koffer packen, vermutlich blieb aber nur Zeit für den Rucksack und zum Kauf eines Tickets der zweiten Klasse für eine Schiffspassage nach Java. Ob sich der Onkel umgedreht hat, als man ihn in den Wagen setzte und hinter ihm in der Hitze der Nacht die Fata Morgana der Kindheit verschwand? Bekannt ist nur, dass er Java erreichte und dass sein Rucksack inzwischen leer war und dass er, weil er kein Kopfhänger war, beschloss, noch einmal von vorn anzufangen. Als müsste er nur kurz die Augen schließen, um sie wenig später wieder zu öffnen, und alles wäre von vorne da, das Haus, der Hof und die Cocusplantage.

Doch auch diesmal hat sich der Onkel getäuscht, denn sein schlechter Ruf schwimmt mit übers Meer. In Batavia stehen an allen Ecken die tüchtigen Spitzel der Nachbarländer, auch die Holländer lassen ihn nicht aus den Augen. Da seht ihn, da kommt er, der Tropenspion, schon von weitem erkennt man ihn an seinem Schnurrbart. Den Mann, der mit jedem gehandelt hat, der mehr weiß, als alle anderen wissen, an allen Tischen hat er gesessen. Und wenn der Onkel morgens die Zeitung aufschlägt, starrt er in sein eigenes Gesicht, das nicht nur ihm selbst sehr bekannt vorkommt. Aber anstatt das Bild einfach wegzuwerfen, steckt er es in die Jackentasche und beschließt, sich auf die Flucht vorzubereiten.

Die Flucht ist leichter gedacht als getan, so ohne Papiere und Pass in der Tasche, denn längst sind Belohnungen ausgesetzt, GESUCHT steht an jeder Straßenecke. Aber der Krieg hat viele Gesichter, viele Kostüme und Uniformen, und selbst wenn der Onkel ein Eskimo wäre, wüsste er, wie man Indianer spielt. Pass auf, ich zeige dir jetzt, wie es geht. Zuerst rasierst du den Schnurrbart ab, dann packst du den

Tropenhelm in den Rucksack, dann wartest du, bis ein Soldat vorbeikommt, der aussieht, als könnte er Geld gebrauchen. Am besten ein Holländer oder ein Belgier, der dir ein bisschen ähnlich sieht, selbe Haarfarbe, selbe Größe, vor allem aber derselbe Wunsch, endlich für immer davonzukommen. Und das heißt, er muss auf die Uniform pfeifen, Geld ist ihm wichtiger als seine Ehre. Dann kommt es auf passende Worte an, Geduld und Zuspruch, ein paar Witze der Heimat, hier zeigt sich, wie gut es ist, Sprachen zu sprechen. Wichtiger als der Witz und die Worte ist allerdings das passende Geld, möglichst in unauffälligen Scheinen. Dann ist der Handel abgeschlossen. Er nimmt Schnurrbart und Helm, du nimmst seine Uniform und die Papiere und setzt dich auf das nächstbeste Schiff, das dich von hier nach Europa bringt.

Ich weiß nicht, wie oft der Onkel das spielte, dieselbe Rolle, denselben Film, der niemals wirklich derselbe war und niemals wirklich ein richtiger Film, denn immer ging es um Leben und Tod. Wie oft hat er fremde Soldaten bestochen? Und wie oft hat man ihn trotzdem erkannt, wenn er sich unter Deck versteckte, aus Angst vor englischen Passkontrolleuren, halb tot, halb lebendig, die Hände schweißnass, und den Kopf schon so gut wie im Rachen des Löwen, über den er längst keine Herrschaft mehr hat. Selbst wenn er sich nur noch erinnern muss, schließt er seine Augen ganz fest, als wollte er das nicht noch einmal erleben.

Und wie hat man ihn zuhause empfangen? Ist das wirklich ein Sohn der Familie, dieser Mann ohne Schnurrbart und Tropenhelm, der eine belgische Uniform trägt und über den man sich gerne erzählt, er sei schon seit Jahren nicht mehr am Leben? Denn seit der Onkel Kostüme trägt, gehen hier wilde Gerüchte um, der Onkel sei überhaupt nicht der Onkel, nur ein Flüchtling, der den Onkel nur spielt, der Onkel selbst sei verloren gegangen, irgendwo in den Tiefen des Urwalds, dort hätten ihn die Kannibalen gefressen.

Ob Onkel Carl trotzdem am Hafen stand, um den verlorenen Sohn zu begrüßen? Und hat man womöglich das Schwein geschlachtet, das ratlos in seinem Käfig stand, weil es niemand mehr besichtigen wollte? Überall auf der Welt herrscht Krieg, und längst ist man dazu übergegangen, Tiere zu essen, anstatt sie zu füttern. Aber der Zoo ist trotzdem noch da, sogar der Zirkus geht noch auf Reisen, weil im Krieg Unterhaltung doppelt zählt, auch wenn die Tiere jetzt träger werden und unlustiger durch die Reifen springen, weil es so wenig zu fressen gibt.

Aber irgendwann geht jeder Krieg zu Ende. Die erste Hälfte vergeht im Zoo, zwischen den Tieren, halb schlafend, halb fütternd, bis den Onkel die Gitter so heftig bedrücken, dass er schließlich die Koffer packt, um von Hamburg aus nach Berlin zu reisen. Ein plötzlicher Anruf, das Auswärtige Amt, wie der Onkel später gerne erzählt. Nur was hatte er in diesem Amt verloren? Trug er dort Akten von Zimmer zu Zimmer? Holte er Briefe aus seinem Rucksack und versuchte, von vorn ein Spion zu werden? Geschichten, die niemand hören will, also tut der Onkel, was jeder tut, der nicht weiß, wohin mit seinen Geschichten, er kauft sich ein Kino. Ein Haus, in dem es so warm ist und dunkel, dass wir, eng aneinander geschmiegt, die Wirklichkeit endlich vergessen dürfen.

Auch ins Kino sind wir nur heimlich gegangen, mein Bruder, meine Schwester und ich. Wir haben alle Filme gesehen, wir kennen das Gesamtwerk des Onkels, auch wenn wir darüber nicht sprechen dürfen. Aber alles ist uns ans Herz gewachsen, *Der Schädel der Pharaonentochter,* das *Welträtsel Mensch* und der *Herr der Bestien,* auch *Darwin* kennen wir ganz genau, *Veritas Vincit,* sogar die *Schreckensnacht in der Menagerie*, als der große Dompteur seine Herrschaft verlor und in Panik mit Fleischbrocken um sich warf, und das Fleisch fiel Onkel John vor die Füße, der als Regisseur in der anderen Ecke stand.

Unser allererster Arenenbeherrscher. Der Löwe kniet hin und legt sich nieder, dann erhebt er sich und reißt das Maul auf, woher der Befehl kommt, bleibt mein Geheimnis. Ich schließe die Augen, ich zähle bis drei, meine Hände sind nass, denn ich weiß, der Löwe ist immer noch da, aber wenn ich entschlossen die Augen öffne, sehe ich, wie der Onkel lacht, weil sein Kopf noch so fest auf den Schultern sitzt. Er kennt die Tiere, und sie kennen ihn, und sie kennen den Rohrstock im Rücken genau, mit dem man die größte Gefahr dirigiert.

Die größte Gefahr ist aber woanders. Das hätte der Onkel wissen müssen. Denn es sind nicht die Zähne, es ist nicht das Maul, es ist nicht das Fauchen. Als vor Jahren einmal im Zoo von Dresden der Patagonier ein Pferd bestieg und deutlich sagte: Ich reite nach Hause, hätte der Onkel begreifen müssen, was das Heimweh in Wirklichkeit ist, die schlimmste und tückischste Krankheit von allen. Denn über das Meer kommt keiner zu Fuß, sogar mein Vater hat das begriffen, er weiß genau, wie gefährlich es ist, nach Feierabend auf Reisen zu gehen.

Aber der Onkel will nichts von Büchern wissen, auch das Kino interessiert ihn nicht mehr, denn er hat das Paradies längst gesehen. Er braucht jetzt nur noch ein Schiff zu besteigen, um ein zweites Mal nach Ceylon zu fahren, wo er noch einmal von vorne beginnt. Also sprich endlich, Onkel John. Erzähl mir von deiner letzten Reise, und wie du dort unten gelandet bist und so getan hast, als wäre alles beim Alten. Als wäre die Zeit für uns stehen geblieben, als hießen die Seehunde immer noch Paul, als gäbe es noch deine Cocusplantage, das Haus, eine Frau, die Kinder, die Träger, und als gäbe es nie wieder Krieg auf der Welt, als müsste ich nur noch die Augen schließen, bis sogar meine Mutter verschwindet.

Und was siehst du, wenn du die Augen öffnest? Du siehst, dass du wieder verloren hast. Der Zweite Weltkrieg steht vor der Tür, in der offenen Tür steht meine Mutter, und durch die Tür deines zweitens Hauses treten ungeladene Gäste. Engländer, die gekommen sind, um dich für immer hinter Gitter zu bringen, in einen Zoo ohne Zahler und Gäste. Zurück bleibt ein leichter Geruch nach Fisch, das Nagelbrett und ein trübes Geheimnis. Über den Rest wird bei uns nicht gesprochen.

Wilhelm Raabe, Werke in vier Bänden.
Herausgegeben von Karl Hoppe nach der von ihm
besorgten, im Verlag Vandenhoeck & Ruprecht
erscheinenden historisch-kritischen Gesamtausgabe der
Werke Raabes. Vollständige Texte, mit Anmerkungen
und einem Nachwort (Band IV) versehen.
Band II

ABU TELFAN

oder

Die Heimkehr vom Mondgebirge

1867

Abu Telfan

LEONHARD HAGEBUCHER
(1867)

In einer langen schlaflosen Nacht am Flughafen von Amsterdam lese ich mir *Abu Telfan* vor, um mir die Angst und die Müdigkeit zu vertreiben und um endlich meine eigene Stimme zu hören, denn wer, wenn nicht ich, sagt mir, dass ich noch lebe? Um die Wahrheit zu sagen, ich bin auf der Flucht. Ich habe Afrika kopflos verlassen, ich habe das erstbeste Flugzeug bestiegen, um einem Putsch von der Schippe zu springen, ich habe mich aus dem Staub gemacht, mit nichts als mit diesem Buch in der Tasche, denn ich bin feige, auf alles aus, nur nicht auf Abenteuer!

Die Halle ist vollkommen menschenleer. Nur in der Ferne, auf einer Bank zwischen Kisten, ein furcht- und traumlos schlafender Mann, den Rucksack so nachlässig hingeworfen, als hätte er alles schon hinter sich, die Kisten, die Bücher, die Einsamkeit, sogar meine Angst und die letzte Reise, von der auch er nichts erzählen kann, denn «ich bitte ganz gehorsamst, weder den Ort Abu Telfan noch das Tumurkieland auf der Karte zu suchen; und was das Mondgebirge anbetrifft, so weiß ein jeder ebensogut als ich, daß die Entdecker durchaus noch nicht einig sind, ob sie dasselbe wirklich entdeckt haben. Einige wollen an der Stelle, wo ältere Geographen es notierten, einen großen Sumpf, andere eine ausgedehnte Salzwüste und wieder andere einen unbedeutenden Hügelzug gefunden haben, welches alles keineswegs hindert, daß ich für mein Teil unbedingt an es glaube. –»

Solange ich meine Stimme höre, glaube ich alles! Ich wäre sogar in der Lage zu glauben, der zwischen den Kisten schlafende Mann sei der Held meiner allerletzten Geschichte, Leonhard Hagebucher persönlich, Held eines nutzlosen Abenteuers, das ich lese, um meine Zeit totzuschlagen!

Hier der Steckbrief: Sohn eines deutschen Steuerinspektors, der Kopf in Himmelsrichtung gewachsen, die Füße stecken im Heimatsumpf, irgendwo zwischen Stuttgart und Braunschweig, der Ortsname selbst viel zu lächerlich, um ihn über die Lippen zu bringen. Die Landschaft: ein unbedeutender Hügelzug, den ich, schnell lesend, vergesse. Der Rest: hohe Zäune und wenig Frischluft, man schlägt sich hier gerne selber in Fesseln beim endlosen Blick in den trüben Spiegel. Ein Land gestopft voll mit Hagebuchern, Hagebucher an jeder Ecke! Der Gedanke ist groß, das Land etwas kleiner, weshalb hier auch Dichter nur Buchhalter sind, Fürsten der Selbstzensur, Steuereintreiber, Verwalter von Versen, beamtete Träumer von Revolutionen, die taub unter riesigen Glocken sitzen und sich von fern an ein großes Dröhnen erinnern.

Glasklar, dass aus diesem Jungen nichts wird, Sohn einer händeringenden Mutter, die vergaß, die dreizehnte Fee einzuladen, die zur Strafe den Jungen entschieden verwünscht. Aber soll ich mich auf seine Seite schlagen, nur weil eine Mutter über ihn weint und weil er nicht werden kann wie sein Vater und weil er, wie ich, nichts von Buchhaltung weiß? Soll ich für ihn sein, weil er gegen sich ist, genau wie ich, den Kopf hinterm Mond und Pläne wie Luft, durchsichtig, leicht und niemals zu fassen. Der glaubt, er sei frei und sein Geist sei so frei, ihm hier und da ein Gedicht zu diktieren, zwischen einer Vorlesung und der nächsten, Student der Theologie nur zum Schein, der nicht daran denkt, eine Predigt zu schreiben und nicht weiß, wie man Schafe zusammenhält. Der hält ja nicht einmal sich selbst zusammen, hält stattdessen so lange am Unmöglichen fest, bis es keinen Ausweg mehr gibt. Das heißt, der möchte ein Dichter sein und spielt am liebsten den wilden Mann, der Degen braucht, um an Frischluft zu kommen, bis man ihn wirklich nach draußen setzt!

Mein traumlos schlafender Reisegefährte, «relegierter Studiosus der Theologie»! Und wenn ich ihn jetzt genauer betrachte, werde ich auch die Schmarre entdecken, die ihn für immer gezeichnet hat, eine lange Narbe von der Stirn bis zum Kinn, die auf halber Strecke die Nase erreicht, um schmerzhaft unter dem Mund zu enden und unter alles den Schlussstrich zieht, allem voran unter die Hoffnung des Vaters, der seinen Sohn längst verloren hat. Ein Vater, der sich nicht umgedreht hat und der sich auch niemals umdrehen wird.

Er stand nicht am Tor, keine Hand auf den Augen, von freundlichem Winken gar nicht zu reden. Er fragte auch nicht mehr nach seinem Sohn, er saß längst wieder drinnen am Tisch, um die Dinge zurück in die Ordnung zu bringen und den Sohn zu den anderen Akten zu legen. Er schiebt ihn entschlossen vom Haben ins Soll, mit leichter Hand vom Hier in das Nichts, beglaubigt, gestempelt und unterschrieben. Erst dann steht er auf und tritt durch die Tür, in die Luft eines deutschen Spätsommergartens, um die Mutter des einzigen Sohnes zu trösten, die, immer noch weinend, die Schürze dreht, bis die Schürze sich endlich aufgelöst hat, genau wie das Bild eines wandernden Kindes, das wahrscheinlich, bevor es den Abschied nimmt, zwei Sätze auf einen Zettel schmiert: «Lebt wohl!», sagt der erste, und der zweite behauptet: «Ich suche das Glück!»

Das Glück! Der Vater hat sein Glück schon gefunden, er zieht das kleine dem größeren vor. Denn wie oft hat er nächtelang wach gelegen und immer dasselbe Gebet gemurmelt: Mein Herr und mein Gott, hat der Vater gebetet, ich bitte dich, nimm diese Last von mir. Wer, wenn nicht du, sagt mir, dass ich noch lebe, obwohl mein Sohn ein Versager ist, Futter für trübe Geschichten, Beute der hungrigen Nachbarschaft, relegierter Studiosus der Theologie, der sich aus Not auf die Sprachen verlegt, auf Politik und die niedere Mathematik. Hör mir gut zu, und nimm ihn mir weg, schick ihn dahin, wo keiner ihn findet, am besten, du schickst ihn nach Afrika, da ist es so heiß, dass selbst Kindsköpfe schrumpfen! Sein Körper soll heftig ins Schwitzen geraten, bis kein Platz mehr für Träume bleibt und erst recht kein Platz für große Gedanken. Schick ihn ans Kap meiner letzten Hoffnung, von mir aus auch zu den Hottentotten, wenns sein muss auch zu den Baggaranegern, nur schick ihn weit weg, ganz und gar übers Meer, leg für immer Wasser und Land zwischen uns, und obenauf Wüste und Salz und Gebirge, ich lege die besten Wünsche dazu, sein ganzes Schicksal in deine Hand. Und wenn ich dann durch die Gartentür trete, an einem letzten und jüngsten Tag, dann sollst du nicht fragen: Wo ist dein Sohn?, denn ich habe nie einen Sohn gehabt. Wer, wenn nicht du, weiß, was es bedeutet, sich mit schwierigen Söhnen herumzuschlagen, die unberufen die Gegend bewandern und Unsinn unter die Leute bringen, bis man ihnen zu Leibe rückt und am Ende um ihre Kleider würfelt.

Ich habe lange genug bezahlt, für den, der in diesen Kleidern steckt, er hat nur verzehrt, nie Gewinn abgeworfen, das alles weißt du viel besser als ich. Also nimm mir endlich die Last von den Schultern und lass mich wieder in Ruhe schlafen und mach, dass, wenn ich morgen erwache, die Frau neben mir endlich aufhört zu weinen – man muss wissen, wer weggeht und wer nicht zurückkommt, alles andere ist sinnlos.

Und Gott hat den Steuerinspektor erhört und hat seinen Sohn in die Flucht geschlagen. Er hat ihn über die Hügel geschickt, Fuß vor Fuß, immer weiter nach Süden, wo wir bis heute das Glück vermuten. Leonhard hat sich nicht umgedreht, denn die Narbe im Wind weist deutlich nach vorn, auf das schöne, andere, größere Leben. Das ganze Leben ein einziger Sommer, das ganze Leben ein Abenteuer, in Wahrheit nichts als ein ewiges Lehrjahr, aus dem niemals ein Herrenjahr werden kann, nur Laufen, Schieben, Reißen und Stoßen, Stellung auf Stellung und Posten um Posten, eine Perlenkette glänzender Ämter:

Privatlehrer einer Erziehungsanstalt für niedere Sprachen und Mathematik, Schüler, die stumpf aus den Fenstern glotzen, wenn er die deutsche Grammatik erklärt, verlorene Söhne und höhere Töchter. Man wird sich wohl um ihn gerissen haben, denn so viel Bewegung ist in diesem Leben, dass mir beim Lesen fast schwindlig wird, vielleicht weil mir alles bekannt vorkommt, schon als Kind Gast auf Erden, bei Tag Gast in Häusern und nachts Gast im Gasthof, jede Nacht ein anderes Bett, immer die Hand auf der falschen Klinke, den Fuß auf der Schwelle, Hauslehrer hier und Hauslehrer da, erst Haushund, dann Hofhund, dann Kindermädchen, Kammerdiener, Butler, Portier, und immer das Hirn hinterm Mond und den Kopf in den Wolken.

Aber soll ich mich auf seine Seite schlagen, nur weil er so hoffnungslos ist wie ich und weil ich mich gründlich wieder erkenne beim endlosen Blick in den trüben Spiegel? Denn wie ich ist er nirgends lange geblieben, und was den Töchtern so gut gefiel, das Erfinden von Versen beim Gehen im Garten, Vers an Verse und Reime auf Reim, hat den Müttern wahrscheinlich wenig gefallen, und was die trägen Söhne betrifft, so ist auch die Narbe nur eine Geschichte, die beim zweiten Erzählen schon langweilig wird.

Und so hat man ihn freundlich am Arm genommen, nach draußen zum Gartentor hin geschoben, eine Hand auf den Augen, die zweite freundlich und deutlich nach Süden, da ist es so heiß, dass selbst Kindsköpfe schrumpfen. Und kommen Sie, bitte!, nie wieder zurück, und schreiben Sie keinen Brief an die Tochter, denn sie weiß noch nicht, wie man Briefe liest, wie leicht man Worte und Verse missdeutet, wie leicht man sich falsche Reime macht auf Sprachen, die nicht zusammenpassen.

Wachsame Mütter der Welt, wer könnte euch täuschen! Ihr wisst genau, wie man Briefe liest, sich den Reim macht, wie man das Unglück von weitem riecht, das Unglück zwischen Nase und Kinn, ihr riecht es schon durch den Umschlag hindurch, euch macht man nichts vor. Selbst Leonhard Hagebucher, begabtester Briefeschreiber von allen, könnte euch kaum um den Finger wickeln. Wer viel weint, dem streut man schwer Sand in die Augen. Und schon gar nicht der eigenen Mutter, die jeden Morgen am Gartentor steht und Ausschau nach frischen Briefen hält, die verstaut sie dann in der Schürzentasche, um sie später heimlich im Garten zu lesen, aber erst nach dem Essen, wenn der Steuerinspektor schläft und sie endlich allein sein darf mit ihrer Angst.

Die Regeln beim Lesen von Briefen sind einfach, Frau Hagebucher weiß das genau: Je schöner die Schrift und je dicker der Pinsel, desto tiefer der Abgrund hinter dem Blatt, ein glatter Text und ein bündiger Reim sind immer die Vorboten größeren Unglücks, und je länger die ganze Geschichte wird, umso weiter ist auch der Weg nach Haus. Sie weiß genau, wie man damit verfährt und wie man die Wörter genau übersetzt, um sie zurück ins Deutsche zu bringen.

Denn wer von Schönheit schreibt, meint die Illusion, «Ich bin überall!» heißt zuhause das «Nirgends», in dem sich das wandernde Kind verliert. Das «Ich habe zu tun» heißt «Ich weiß nicht, wohin», und «Man ruft mich hinaus» heißt «Ich kann hier nicht bleiben». Auch wie man die Handschrift vom Text subtrahiert, weiß die Frau Steuerinspektor genau, um am Ende zu einem Ergebnis zu kommen, das seufzend das Haben ins Soll verschiebt, vom traurigen Hier in ein düsteres Nichts, bis unter dem Strich nicht viel übrig bleibt, nur ein dürftiger Rest aus Zärtlichkeit und Erinnerung und am anderen Ende ein faules Geheimnis, denn sie legt diese Briefe in eine Kiste, von der nur sie selbst weiß, wo man sie findet.

Manchmal, nachts, steht Frau Hagebucher auf, wenn die betende Stimme des Steuerinspektors im Schlaf so unüberhörbar wird, dass sie es nicht mehr aushalten kann. Dann streckt sie die Hand aus und sucht nach der Kiste und liest sich die letzten Briefe laut vor, um die Angst und die Müdigkeit zu vertreiben und um endlich die eigene Stimme zu hören, denn wer, wenn nicht sie, sagt uns, dass er noch lebt?

Liebste Mutter, schreibt Leonhard Hagebucher, ich lebe noch und zwar besser denn je, denn es gibt hier jede Hand voll zu tun, und ich bin auf dem Weg, etwas Großes zu werden, nur verrate dem Vater noch nichts davon, er wird es aus anderer Quelle erfahren, lieber Fakt als Verheißung, daran will ich mich halten. Ich bin in Venedig, Kommissionär eines großen Hotels, man wird mich nur ungern ziehen lassen. Doch ich fühle genau, dass ich gehen muss, denn es gibt dort etwas, das auf mich wartet, weiter südlich, wovon sehr bald die Rede sein wird, ich werde in aller Munde sein. Also packe ich heute noch meine Koffer. Und du küsst mir die Schwester, und die Schwester soll alle Cousinen küssen, und grüß mir auch alle Tanten und Onkel, und dem Vater sagst du, ich begleiche die Rechnung, und vergieß keine Träne, es kommt alles in Ordnung.

Der nächste Brief kommt bereits aus Neapel, man spürt die Hitze zwischen den Zeilen, die langsam steigende Temperatur, eine seltsame Mischung aus Tinte und Schweiß, eine kleine Verzweiflung auf dem Grund des Versprechens, drei Schritte näher an Afrika. Aber der Aufstieg ist unaufhaltsam, schreibt der fliehende Sohn an die lesende Mutter. Gestern noch Kammerdiener in Rom, bei einer belgischen Eminenz, und heute schon Mitglied der französischen Kommission zur Überprüfung der Erwägung der Möglichkeit der Durchstechung der Landenge von Suez.

Ginge es nach dem Steuerinspektor, würde die heiße Enge von Suez auf immer zwei feindliche Meere trennen, die nichts miteinander zu schaffen haben und die niemals etwas verbinden wird. Verlässliche Wüste zwischen Vater und Sohn. Aber Gott hört nicht auf seinen Steuerberater, dem es viel lieber gewesen wäre, man hätte die Tore noch fester verschlossen und niemals vom Suezkanal gesprochen, der den Heimweg nutzloser Söhne verkürzt, anstatt sie, wie früher, ums Kap zu schicken, wo sie sich lautlos für immer verlieren und endlich aufhören, Briefe zu schreiben, die morgens die Mütter zum Weinen bringen.

Denn Gott liebt die Steuereintreiber nicht wirklich, er zieht Wissenschaftler, Händler und Dichter vor, lässt den Fregatten aus England den Vortritt, den Diplomaten aus Frankreich, den Österreichern und Italienern und Leonhard Hagebucher aus Deutschland, Genie der niederen Mathematik, von dem ich nur weiß, dass er Sprachen spricht und dass er den Kopf in den Wolken hat und bereit ist, wie ich, etwas Großes zu wagen, Posten der Posten: Sekretär des Sekretärs des Monsieur Linant-Bey, Oberingenieur seiner Hoheit des Vizekönigs von Ägypten.

Längst ist die Kommission bei der Arbeit, Berechnung der Wasserstandsunterschiede, ein einziges Rechnen und Feilschen, ein Streiten und Kämpfen, und alles das nur, um herauszufinden, ob das Rote Meer dreißig Fuß höher liegt als das vertraute Mittelmeer und ob, wenn der erste Spatenstich trifft, nicht womöglich ganz England überflutet! Das Ergebnis: zwei Füße Übergewicht und grünes Licht für das Abenteuer, für den Bau des großen Suezkanals, der für immer zwei feindliche Meere verbindet!

Vom Aufwand der Sache besser zu schweigen, das ganze Geld und die vielen Spaten! Und die Unruhe, die in die Welt kommen wird, als hätten wir nicht schon genug zu tun mit der eigenen Unruhe hinter dem Haus. Wozu dieser endlose, mühsame Krieg, wozu das Gefecht zwischen England und Frankreich und wohin mit der Gier der Italiener und dem wachsamen Ehrgeiz der Amerikaner, zwei Meere in ein Verhältnis zu setzen, von dem man nicht weiß, wie es ausgehen wird.

Sind es wirklich nur zwei Fuß Übergewicht, anderthalb Fuß nach Pariser Berechnung, mit denen der Indische Ozean auf das geliebte Mittelmeer drückt? Soll das der ganze Grund für das Unglück sein, das damals begann und bis heute nicht aufhört und vermutlich auch Schuld daran ist, dass ich hier sitze, schlaflos in der Mitte der Nacht, auf dem Flughafen von Amsterdam, eben dem Putsch von der Schippe gesprungen? Mit nichts als mit diesem Buch in der Tasche, von dem ich nicht einmal die Hälfte begreife. Aber was das Mondgebirge betrifft, so bin ich mir plötzlich nicht mehr ganz sicher, ob es tatsächlich erfunden ist oder ob ich es nicht doch auf der Karte finde, irgendwo unweit des Roten Meeres, dort, wo auch Abu Telfan liegt.

Wäre der Schlaf der Menschen nicht heilig, ich würde sofort diesen Schläfer wecken. Ich würde ihn bitten, den Rucksack zu öffnen, denn bestimmt hat der Mann eine Karte dabei, die mir Klarheit verschafft über die Lage der Welt und über den wirklichen Stand der Dinge. Und was ist übrigens in diesen Kisten? Messketten, Stangen und Lineale? Quadranten, Wasseruhren, Sextanten? Mondgestein oder Menschenverstand? Kompass und Sand? Rettungsringe für jeden Finger? Wie sehr ich diese Ausflüge liebe und beim Packen der Kiste den festen Glauben, dass trotzdem alles beim Alten bleibt!

Hier eine Hochzeit, da Revolution, am Ende legt alles Hand an sich selbst, wie das in Deutschland so üblich ist. Obenauf das Soll für die Ewigkeit und ein nutzlos gewordenes Empfehlungsschreiben des Monsieur Linant-Bey, in dem vermutlich zu lesen steht, dass der Deutsche Leonhard Hagebucher ganze Arbeit geleistet hat. Gedichtet, geschrieben, vermessen, berechnet. Nur ist die Rechnung nicht aufgegangen, denn so schön und so groß die Aufgabe ist, so schnell ist sie auch schon wieder vorbei, der Kanal ist längst beschlossene Sache. Die Kommission löst sich auf, der Sekretär des Sekretärs packt die Koffer, die Franzosen packen die Messlatten ein und machen sich auf den Weg nach Haus. Und in Paris sitzt Monsieur Paulin Talabot, Präsident der Gesellschaft vom Suezkanal, und hat sich die Finger nicht schmutzig gemacht.

Nur Hagebucher ist sitzen geblieben, zwischen Suez und Pelusium, er kann sich von Mehemed Ali nicht trennen und streut sich nach wie vor Sand in die Augen. Und schreibt weiter endlos lange Artikel: *Die Lage der Welt, der Verlauf des Kanals,* und will eine deutsche Kleinstadt verblüffen. Nur wirft sein langes Reden nichts ab, keinen Ruhm, keine Ehre, genau wie meine sinnlose Reise und der lachhafte Vorrat an sandigem Kleingeld, den sich der Flüchtling angelegt hat.

Vielleicht hätte es gestern noch gereicht, für die Rückfahrt des Lesers von Stuttgart nach Braunschweig, für den letzten Blick auf den Hügelzug, den Besuch einer Stadt, deren Name mir nicht auf die Lippen kommt. Aber heute stehen die Kurse schon anders, und was morgen betrifft, etwas hält mich zurück, vielleicht die Gewissheit, dass niemand mehr wartet, nicht auf mich, nicht auf Leonhard, nicht auf den Schläfer, dessen Narbe im Traum plötzlich heftig errötet, als würde er doch meine Stimme vernehmen. Denn vermutlich bin ich die Einzige, die ihm jemals vorlesen wollte, Hand auf den Augen und Brief in der Schürze, damit die Geschichte ein Ende nimmt und damit auch ich endlich aufwachen kann.

Aber er hält die Augen geschlossen, denn wie ich so fürchtet auch er die Begegnung, ein einsames wanderndes Kind in der Wüste, das zwei Sätze auf einen Zettel schmiert: «Ich gehe jetzt los!» und «Ich suche das Glück!», um dann einfach im Sandkasten sitzen zu bleiben, wie damals Leonhard Hagebucher, mitten in Kairo, gescheiterter Spezialist des Kanals, der mit den Fingern Entwürfe in den Wüstensand zieht.

Bis endlich Signor Luca Mollo vorbeikommt, denn auch in Kairo gibt sich das Glück gern italienisch! Semibecco, Elfenbeinkönig vom Weißen Nil, Schrecken der Wüste!, glücklicher Teufel, gesunder Tod, etwas Besseres finden wir überall, wie uns das deutsche Märchen lehrt. Dazu muss man nur Esel sein oder Hund, zur Not eine Katze, ein Hahn oder Rabe, immer voran und der Nase nach, Märchenerzähler und Geograph, der sich die Karten selber erfindet, genau wie das Schicksal verlorener Helden.

Flucht nach Ägypten! Und so kommt es, dass Leonhard sich erhebt, das gerettete Kind, und sich den Sand aus den Kleidern schüttelt. Vielleicht glaubt er, jetzt, so weit weg von zuhause, dass die dreizehnte Fee ihn vergessen hat und dass er doch noch sein Glück machen kann. Denn Semibecco, der große Verführer, verspricht ihm das Blaue vom Himmel herunter, Sonne, Sterne, das Mondgebirge, einen Hügelzug für die Eingeweihten, der ganz besondere Schätze birgt.

Und wie dieser Mann mit so leichter Hand alles vom Soll ins Haben schiebt, wie er Leonhard alles beibringen wird: wie man wandert und jagt und im Freien schläft, wie man ein echter Räuber wird, und wie man die Heimat für immer vergisst, indem man erst anlegt, dann zielt und dann schießt, ohne jemals getroffen zu werden! Und dass er, im Fall von Gefolgschaft und Treue, bereit ist, alles mit ihm zu teilen, jeden Zahn, jede Perle, sogar seinen Tod!

Und Leonhard tritt in seine Dienste. Vielleicht ist er sein Kammerdiener geworden und trug ihm die Kisten nach durch die Wüste und hat nachts am Feuer Gewehre poliert, während Mollo die Elfenbeinzähne sortierte und immer neue Geschichten erfand. Denn was denkt sich nicht aus, wer zuhause bleibt und niemals wirklich in Afrika war! Übereifer der ganzen Erfindung, diese Aufschneiderei eines deutschen Dichters! In der Mitte der falschen Geographie eine Bande lächerlicher Gestalten, die Räuber sein wollen und gar keine sind, größter Schrecken der schrecklichen Gegend zwischen Bahr el-Abiad und dem Bahr el-Asrek!

Hagebucher und Semibecco! Zwei kleine Verbrecher aus deutscher Feder, die ungerührt in der Wüste sitzen und Fetische unter die Leute bringen, Hampelmänner, Kuhglocken und Glasperlen, die Rasierspiegel gegen Elfenbein tauschen, kleine Spiegel, die beim ersten Blick schon erblinden, beim Anblick der Narbe zwischen Stirn und Kinn, die hin und wieder leise errötet, ein kleiner und zäher Rest von Scham.

Was aber treibt ihr wirklich dort unten, ihr und der ganze Rest dieser Bande? Glaubt ihr, dem Putsch von der Schippe zu springen, nur weil ihr auf Elefantenjagd seid? Denn während ihr mit den Schilluks verhandelt, ist in Deutschland ein Vorgartenwind aufgekommen, die Jahreszahl lautet auf Achtundvierzig, ein großes Jahr und ein leises Dröhnen, von Stuttgart bis Braunschweig, eine Revolution. Doch am Morgen danach ist alles beim Alten, und über das Land legt sich eine Stille, die stiller ist als jedes Mondgebirge und stiller als eine Wüste aus Salz.

Still wie die Stille in Amsterdam und die Stille bei Hagebuchers zuhause, Beginn einer endlosen langen Stille. Denn der Steuerinspektor betet nicht mehr, Gott hat ihn erhört, und Frau Hagebucher muss nicht mehr weinen, es kommen keine Briefe ins Haus. Selbst die Kiste gerät in Vergessenheit, niemand steht mehr nachts auf, um sich vorzulesen, niemand möchte sich sagen, dass er noch lebt, und auch die Schürze hängt nicht mehr am Tor, die dort früher wie eine Fahne wehte, damit man uns schon von weitem erkennt.

Nichts hängt an der Tür. Die Tür bleibt verschlossen. Und über alles legt sich ein Schweigen, das von Jahr zu Jahr größer und dichter wird. Als wäre das Leben ein einziger Winter, so liegt das ganze Land unter Schweigen, ein Schweigen, das lauter und lauter wird, bis man kein einziges Wort mehr vernimmt. Und wird trotzdem einmal ein Wort gesprochen, dann nur hinter vorgehaltener Hand, nicht draußen, nur drinnen, wo man das Klappern der Nadeln hört, hier und da leises Seufzen, verstreichende Zeit, manchmal ein Hüsteln, zwei Blicke, die sich auf dem Teppich begegnen, auf dem Wohnzimmerteppich einer Vorgartenstadt, und sich dort bei demselben Gedanken ertappen, bei einem Namen, den man besser nicht nennt, damit er in Frieden vergessen wird und allmählich verblasst, wie die Narbe von der Stirn bis zum Kinn. Und sollte er doch auf den Teppich fallen, dieser traurige, nutzlos erfundene Name, dann legt man erschrocken die Hand auf den Mund und flüstert leise: Verschollen!

So schlägt man vor Ort sich selber in Fesseln, aber was geschieht auf der anderen Seite, jenseits der engen Enge von Suez, wo nach einem anderen kurzen und heftigen Dröhnen auf einmal dieselbe Stille herrscht? Denn in einer einzigen schlaflosen Nacht geht das Abenteuer zu Ende. Schluss mit dem süßen Glasperlenspiel, Ende der Elefantenjagd! Jetzt, deutsche Feder, wetzt man die Messer! Jetzt wird um deutsche Kleider gewürfelt, das Lagerfeuer wird ausgetreten, die Münder gestopft, damit endlich diese Geschichten verstummen, von ewigem Reichtum, Verheißung und Lust!

Semibecco! Halber Schnabel, grüner Schnabel! Du hast Mund und Rucksack zu voll genommen, du hast den Bogen weit überspannt! Zwischen Dar Fur und Dschebel al Komri hat irgendjemand letzte Nacht die Geduld verloren und will nicht mehr länger Zuschauer sein, wenn du das Land von Elfenbein säuberst. Deine hiesige Kundschaft ist unruhig geworden, der Fetisch hat seinen Zauber verloren, Ende des deutschen Hampelmanns!

Ein Bündel von Männern bricht durch den Busch, unrasierte und tiefschwarze Männer, immer voraus, kein Blick in den Spiegel! Da sind sie ja endlich, die Baggaraneger, von denen der Steuerinspektor nur träumt, und so hat er sie sich auch vorgestellt, im Bett, nachts betend, schreiend und brüllend und Keulen schwingend, mit Stricken aus Aloe- und Palmbaumfasern, mit denen man jeden knebeln kann, der an Lagerfeuern den Mund zu voll nimmt!

Und jetzt, lieber Gott, lass mich nur nicht im Stich und sorge für immer und ewig dafür, dass die Geschichte ihr Ende nimmt!

Aber Gott ist ein Mann feiner Unterschiede.

Die ganze Bande wird totgeschlagen, nur Semibecco spart man sich auf und Hagebucher, den Kammerdiener. Drei Tage hängt Semibecco am Spieß, weil das in Deutschland so üblich ist, die alte Regel der Baggaraneger, so will es die Fantasie deutscher Feder, nur Sonne und Durst, der Rest den Moskitos. Drei Tage lang, eine Ewigkeit, liegt Leonhard in derselben Sonne, die Augen durstig nach oben verdreht, und muss zusehen, wie Mollo den Schnabel aufreißt, erst lacht und dann schreit und dann weint, bis er sehr langsam in Stücke geht, um am Ende schließlich ganz zu verstummen, Kopf in den Wolken und Hirn hinterm Mond, die fallenden Augen im trüben Spiegel, als zöge noch einmal alles vorbei. Die sinnlose Reise, das kurze Leben. Das ganze Leben ein Abenteuer, nur eine Elefantenjagd, immer ein Lehrjahr, aus dem auch am Schluss kein Herrenjahr wird, ein Leben ohne Rettung und Rückkehr, weil er weiß, dass ihn zuhause niemand erwartet.

Denn wer will schon auf einen Verbrecher warten! Warten ist mühsam und meistens erfolglos, und so kommt ein kleines Leben zum Schluss, nichts als ein schlechtes Theaterstück. Am Ende schließt man erschöpft die Augen und wünscht, dass Gott ein Einsehen hat, dann käme man insgesamt schneller davon. Aber Gott ist ein Mann feiner Unterschiede, für jeden seinen eigenen Tod. Und so lässt er den Kammerdiener am Leben und macht ihn zu dem, was er immer schon war – er wird in die Sklaverei verkauft!

Das soll die ganze Geschichte sein? Zehn Jahre Sklave in Abu Telfan? Zehn Jahre Fesseln und zehn Jahre Stille! Der geht so lange von Hand zu Hand, von Stamm zu Stamm, bis er sich selbst nicht mehr wieder erkennt, nicht einmal die Mutter wird ihn erkennen. Denn die Fee hat ganze Arbeit geleistet, ein Jäger, der aussieht wie seine Beute, weshalb er im Preis nur noch sinken kann, von Tag zu Tag, von Station zu Station, bis er am Boden der Salzwüste liegt.

Doch bevor ich womöglich zu weinen anfange, geht über dem Rollfeld in Amsterdam, riesig, fast lachhaft, die Sonne auf, und zwischen den Kisten erwacht der Schläfer. Vielleicht hat ihn meine Stimme geweckt, weil ich zunehmend lauter lese, weil ich die Hoffnung nicht aufgeben will, denn ich weine und warte besser als andere und weiß, den Gebeten des Vaters zum Trotz, dass Hagebucher am Leben ist.

Und was das Mondgebirge betrifft, wo immer es liegt und was immer es ist, wer immer dort lebt, und wer immer das Unglück erfunden hat, man wird mir darüber nichts vormachen können: «Zwanzig bis dreißig in einen kahlen, glühenden Felswinkel geklebte Lehmhütten, von Zeit zu Zeit Totengeheul um einen verlorenen Krieger oder um einen an Fieber oder an Altersschwäche Gestorbenen, von Zeit zu Zeit Siegesgeschrei um einen gelungenen Streifzug oder eine gute Jagd, von Zeit zu Zeit dunkle Heuschreckenschwärme, welche über das gelbe Tal hinziehen.»

Ich schiebe das alles entschlossen zurück, die Jagd und die Heuschreckenschwärme, zurück in das Nichts einer Fantasie, von der ich die Wirklichkeit subtrahiere, bis am Ende die Rettung übrig bleibt. Denn irgendjemand kommt immer vorbei, ein anderer Abenteurer und Händler, der uns auf ein Kamel setzen wird, das uns Fuß vor Fuß wieder nach Norden bringt. Unwichtig, seinen Namen zu nennen, irgendwer wird uns losgekauft haben, für Apfel und Ei, denn mehr sind wir beide nicht wert gewesen, Hagebucher und ich, zwei Hand voll Sand zwischen gelben Fingern.

Also «zählt an den Fingern die Jahre ab und gebt mir ein Glas Wasser aus unserem Brunnen»!

Nichts leichter als das! Ich werde dem Mann zu trinken geben, das erstbeste Glas, noch bevor die Geschichte zu Ende geht, die genau genommen gerade erst anfängt, denn, hier oder da, ich weiß, was es heißt, in der Wüste zu dursten und sich rund um die Uhr auf Spießen zu drehn, um am Ende doch noch zurückzukehren, ich sehe genau, was er hinter sich hat: schon als Kind Gast auf Erden, tags Gast in Häusern, und jede Nacht ein anderes Bett, immer die Hand auf der falschen Klinke, den Fuß auf der Schwelle.

Doch viel schlimmer als das, was längst hinter uns liegt, ist das, was noch kommt, die Rückkehr und das Gesicht eines Vaters. Man muss wissen, wer weggeht und trotzdem zurückkommt, auch wenn keine Schürze am Hoftor mehr hängt. Und man muss das Entsetzen zu lesen verstehen, das Entsetzen auf dem Gesicht der ganzen Verwandtschaft, den Blick in den Spiegel, die hässliche Narbe, die auf einmal wieder gut sichtbar ist im Gesicht eines Sohnes, eines Bruders und Neffen, der wider Erwarten heimgekehrt ist, nach einer endlosen traumlosen Reise, den Kopf in den Wolken, das Hirn hinterm Mond.

Denn der Schrecken liegt auf der Schwelle des Hauses, zwischen zwei feindlichen Meeren, die nichts als ein flüchtiger Spatenstich trennt, auf der Landenge zwischen Vater und Sohn und in der Schürzentasche der Mutter, die plötzlich haltlos zu weinen beginnt. Nur will die Geschichte gar keiner hören, die Heimat hat sich die Ohren verstopft und streut sich den ganzen Tag Sand in die Augen zwischen Stuttgart und Braunschweig und Dschebel al Komri. Nicht die Fremde ist fremd, sondern wir sind uns fremd, weil uns niemand hört, wenn wir sprechen wollen.

Du aber! Leser der kurzen Nacht! Du sollst ihn ehrlich willkommen heißen, mein Mondgesicht, mein Kamel und mein Schaf, du sollst ihm jetzt Wasser zu trinken geben, Fakt statt Verheißung! Aus dem frischen Brunnen gleich hinter dem Hof, wo unter dem Wasser die Worte liegen, die du zehn Jahre lang aufgespart hast, ein Soll, das sich niemals auflösen lässt im Strudel meiner wirren Geschichten. Du glaubst, die Verwirrung gehört dir allein? Die Verwirrung gehört dir schon lange nicht mehr, weil sie der ganzen Verwandtschaft gehört, dem unbedeutenden Hügelzug, der plötzlich nach frischem Wasser verlangt. Wasser für alle! Für die Mutter, die Schwester, die Onkel und Tanten, und vergiss nicht, auch die Cousinen zu küssen, bevor du deine Geschichte erzählst, die, falls morgen wieder die Sonne aufgeht, mit den Worten beginnt, wie sie schließt:

«Wenn ihr wüsstet, was ich weiß, so würdet ihr viel weinen und wenig lachen.»

Für ihre Unterstützung meiner Arbeit an diesem Buch danke ich den Goethe-Instituten in Jakarta und Abidjan, der Sylt-Quelle auf Sylt und dem Hotel Laudinella in St. Moritz.

Marlene Streeruwitz
morire in levitate.
Novelle
96 Seiten. Gebunden

Geraldine geht zum See. Der Weg ist vereist, der kalte Wind
treibt sie an. Sie braucht die Weite um sich und über sich,
Geraldine muss überlegen, wie sie sterben wird. Soll sie so alt
werden wollen, wie die Frau Doktor im Altersheim, der sie
vorgelesen hat. Was bedeutet es, so alt zu werden und diesen
kleinen Unwürdigkeiten ausgesetzt zu sein. Soll sie weitere
40 Jahre darüber nachdenken, warum sie nun nicht als
Sängerin aufgetreten ist. Warum sie in nichts anderem erfolgreich war. Warum sie die Männer, die sie liebten, nur ver-
ächtlich behandeln konnte. Und was der Großvater damit zu
tun hatte. Wie starben die Täterenkel. Starb mit denen die
Geschichte endlich endgültig. Und würde sie überhaupt
sterben können, wenn sie doch gar nicht gelebt hatte.

»Sterben. In Leichtigkeit.« Ist es möglich für eine Genera-
tion, deren Großväter den Holocaust zu verantworten haben?
Auf einem winterlichen Spaziergang denkt Geraldine Denner
über den Tod nach. Ihre episodenhaften Erinnerungen und
die Landschaftsbilder verdichten sich zu einer Novelle von
außergewöhnlicher Intensität.

S. Fischer

fi 1-074429 / 1

Christoph Ransmayr
Die Schrecken des Eises und der Finsternis
Roman
Mit 11 Abbildungen

Band 5419

Im Zentrum dieses vielschichtigen Abenteuerromans steht das Schicksal der österreichisch-ungarischen Nordpolexpedition unter Weyprecht und Payer, die im arktischen Sommer 1872 in das unerforschte Meer nordöstlich der sibirischen Halbinsel Nowaja Semlja aufbricht. Das Expeditionsschiff wird jedoch bald vom Packeis eingeschlossen. Nach einer jahrelangen Drift durch alle Schrecken des Eises und der Finsternis entdecken die Männer eine unter Gletschern begrabene Inselgruppe und taufen sie zu Ehren eines fernen Herrschers »Kaiser-Franz-Joseph-Land«. Ransmayr verknüpft das Drama dieser historischen Eismeerfahrt kunstvoll mit der fiktiven Geschichte eines jungen Italieners namens Mazzini, der sich ein Jahrhundert später in Wiener Archiven für die Hinterlassenschaften der »Payer-Weyprecht-Expedition« begeistert, auf ihren Spuren schließlich in die Arktis aufbricht und mit einem Schlittengespann in den Gletscherlandschaften Spitzbergens verschwindet.

»Eine brillante Komposition, knapp und flirrend.«
Times Literary Supplement

Fischer Taschenbuch Verlag

fi 25419 / 1

Markus Werner
Am Hang
Roman
192 Seiten. Gebunden

Der junge Scheidungsanwalt Clarin freut sich auf ein unge-
störtes Pfingstwochenende in seinem Tessiner Ferienhaus.
Am ersten Abend lernt er auf der Terrasse eines Hotels einen
älteren Mann kennen, einen scheinbar Verwirrten, einen
Verrückten vielleicht. Sie reden und debattieren bis tief in die
Nacht, und allmählich erzählen sie sich auch ihre Geschichten
und Liebesgeschichten. Was als stockendes Gespräch zwischen Zufallsbekannten begonnen hat, entwickelt eine fiebrige,
beklemmende Dynamik, der sich weder Clarin noch der
Leser entziehen kann.

Aus einer vielleicht nicht zufälligen Begegnung zweier
Fremder entwickelt sich eine Parabel über das Leben, die
Liebe, die Treue – und ein kriminalistisches Abenteuer, das
am Pfingstsonntag ein ungeahntes Ende nimmt.

»Die Romane dieses Schriftstellers ...
sind Gipfelpunkte der Literatur.«
Frankfurter Rundschau

S. Fischer

fi 1-091066 / 1

Sabine Schiffner
Kindbettfieber
Roman
334 Seiten. Gebunden

Sabine Schiffner erzählt von einer vergangenen Welt: Alles
fängt an mit dem verschwundenen Ururgroßvater und einer
verschwiegenen Geburt. Es entfaltet sich die Geschichte einer
Bremer Kaufmannsfamilie von der großbürgerlichen Welt
der Jahrhundertwende über die Kriegszeiten bis in die jüngste
Vergangenheit hinein. Im Mittelpunkt stehen Mütter und
Töchter, Frauen, die sich immer wieder zwischen Pflicht und
Sehnsucht entscheiden müssen. Sie halten die Familie zusammen, bewahren die Erinnerung, schenken Leben und verlieren die Männer, die sie lieben.

»Sabine Schiffner lehrt uns, das zwanzigste Jahrhundert
zu sehen, zu hören, zu riechen und zu schmecken.«
Marcel Beyer

»Wer den Glauben an den großen deutschen Roman
verloren hat, an seine Tiefe und Leichtigkeit, bitte sehr:
Sabine Schiffner hat ihn geschrieben.«
Stephan Draf, Stern

S. Fischer